Herderbücherei

Band 714

D1927657

Über das Buch

„Schön ist es auch anderswo ...“ sagte schon Wilhelm Busch, und wie recht er damit hatte, beweist der Strom von Menschen, der sich alljährlich in den Bayrischen Wald, ans Mittelmeer, ins Schwarze Afrika oder noch ganz woandershin ergießt. Und immer wieder erweist es sich, daß eine Reise gar nicht früh genug und sorgfältig genug geplant werden kann – am besten bereits auf einer Rückreise. Denn erfahrungsgemäß gibt es eine Menge Probleme: was muß – und darf – mit in den Koffer? Wollen wir wieder dorthin, wo es im vorigen Jahr geregnet hat? Kann man den Prospekten trauen? Und wer ist für die Reiseroute verantwortlich? Und ist man schließlich angelangt, dann gibt es Sonnenbrand und eisige Wellen, merkwürdiges Essen und harte Betten, schreckliche Reisebekanntschaften und schlechte Laune am dritten Ferientag. Aber weil es darüber hinaus auch ungetrübte Stunden mit blauem Meer und weißem Strand, mit großartigen fremden Städten und ehrwürdigen Burgen und Tempeln gibt, weil die Sonne wärmer scheint und die Sterne heller strahlen als zu Hause und weil wir endlich einmal aus dem Alltagstrott heraus sind, nun ja, deswegen planen wir bei der Heimreise wirklich schon wieder. Und hier wird davon erzählt, wie es einem so auf Reisen ergehen kann.

Über die Autorin

Heilwig von der Mehden, 1923 in Essen geboren, in Köln und Bonn erzogen, wurde stets im Rheinland für eine Hamburgerin und in Hamburg für eine Rheinländerin gehalten. Studium: Germanistik, Geschichte, Zeitungswissenschaft, Kunstgeschichte, Theaterwissenschaft, Soziologie. Mitarbeiterin beim Rundfunk, Volontärin im Feuilleton der „Welt“, Redakteurin. Seit 1957 schreibt sie regelmäßig alle vierzehn Tage für die Zeitschrift „Brigitte“ eine Kolumne. Sie lebt in Bonn und war verheiratet mit Conrad Ahlers.

Heilwig von der Mehden

Nehmt die Männer, wie sie sind
Es gibt keine anderen
Band 427, 128 Seiten, 16. Aufl.

Keiner lebt wie Robinson
Von Verwandten, Bekannten
und anderen Leuten
Band 474, 144 Seiten, 8. Aufl.

Vielgeliebte Nervensägen
Von großen und kleinen Kindern
Band 516, 144 Seiten, 9. Aufl.

Ehret die Frauen –
aber übernehmt euch nicht!
Notizen aus dem weiblichen Alltag
Band 539, 144 Seiten, 9. Aufl.

Mir ist doch so, als wär' mir was ...
Vom angenehmen Umgang mit sich selbst
Band 587, 144 Seiten, 8. Aufl.

in der Herderbücherei

Heilwig von der Mehden

Vier Wände und ein Gartenzaun
Doch wie's da drin aussieht ...
Band 613, 128 Seiten, 5. Aufl.

Und was tun, wenn nichts zu tun ist?
Von den Freuden und Leiden der Freizeit
Band 658, 128 Seiten, 4. Aufl.

Backfischchens Leiden und Freuden
Wie Großmama erzogen wurde
Band 750, 192 Seiten, 2. Aufl.

Die Fliege an der Wand
Worüber man sich ärgert
Band 774, 144 Seiten, 2. Aufl.

Ich hab' mich ergeben
Wie Großpapa erzogen wurde
Band 822, 192 Seiten

in der Herderbücherei

Heilwig von der Mehden

Schön ist es auch anderswo …

Wir gehen auf die Reise

Herderbücherei

Originalausgabe
erstmals veröffentlicht als Herder-Taschenbuch
Buchumschlag: Kristine Rothfuß-Rietmann

1. Auflage April 1979
2. Auflage Januar 1980
3. Auflage März 1981

Alle Rechte vorbehalten – Printed in Germany
© Verlag Herder Freiburg im Breisgau 1979
Herder Freiburg · Basel · Wien
Herstellung: Freiburger Graphische Betriebe 1981
ISBN 3-451-07714-0

Inhalt

Eh einer eine Reise tut...

Das allerwichtigste an jeder Reise ist die sorgfältige Planung. Sogar eine Fahrt ins Blaue muß geplant werden, wenn man etwa die wichtigen Fragen bedenkt, wie weit das Blaue entfernt sein soll und ob man daselbst in Räuberzivil, in Bergstiefeln, in mondäner Abendgarderobe oder in exklusiven Bademoden einherwandeln will.

Mit der Planung kann man also gar nicht früh genug beginnen. Ein sehr geeigneter Zeitpunkt dazu ist die Rückreise von einem Urlaub. Wer auf der Heimfahrt aus gerade verlebten Ferien schon die nächsten plant, mindert auf jeden Fall das etwas trübsinnige Gefühl, eine langersehnte Freude hinter sich zu haben. Allerdings sei gleich hierzu gesagt, daß nicht alle Leute so denken. Ich möchte hier nicht von jenen reden, die in solchen Augenblicken geradezu unfreundlich mit harten Reden („Du kannst wohl nie den Hals vollkriegen ...") auf neue Urlaubspläne reagieren – sie sind es nicht wert, daß man für sie mühsam Pläne schmiedet! Aber auch mit denen, die auf der Rückreise innerlich Bilanz machen, sollte man nicht von neuen Unternehmungen reden, ehe sie die Tatsache verarbeitet haben, daß nicht nur das gesparte Urlaubsgeld wirklich alle ist, sondern auch die Anleihe an den nächsten Monat.

Bei Beginn jeder Planung steht einem natürlich die ganze Welt offen. Doch alsbald scheiden aus diesen oder jenen Gründen einige Orte aus: Der Südpol etwa, oder Hawaii, aber auch beliebte Ausflugsziele der Umgebung. Trotzdem bleibt noch eine Menge übrig, und es bedarf wirklich angestrengter geistiger Tätigkeit, wenn man das Richtige finden will. Besonders erschwert wird die Sache noch durch die Forderung, daß es am richtigen Ort garantiert nicht regnen darf, obwohl selbstverständlich die Vegetation daselbst so üppig wie nur eben möglich sein soll.

Den Schwierigkeiten der Auswahl entgeht man am besten, wenn man dem Beispiel derer folgt, die getreulich Jahr für Jahr die gleiche Pension heimsuchen. Da wissen sie wenigstens, daß das Schwimmbad aus eiskalten Gebirgsbächen erfrischend gespeist wird, daß der Oberkellner schwerhörig ist und daß zwei Hähne fröhlich krähend gegen fünf Uhr den jungen Morgen begrüßen. Sie können sich also nicht so übervorteilt fühlen wie es unweigerlich von fremden Hähnen, Kellnern oder Schwimmbädern geschehen würde.

Etwas Unternehmungslustigere reisen auf Empfehlungen. Doch sei hier Vorsicht geraten. Was der eine preist, das enttäuscht den andern. Und erfüllt es einen nicht mit ohnmächtigem Zorn, einen Ort, an dem man einige der schönsten Wochen seines Lebens verbracht hat, geschmäht zu hören, weil angeblich der Kaffee dort nicht gut war und das Seifenschälchen nicht jeden Tag ausgeputzt wurde? Und das geschieht dazu noch von Leuten, denen man aus reiner Gutmütigkeit dies Paradies verraten hatte, und von denen man annahm, sie würden es einem auf den Knien danken!

Man kann natürlich auch nach Prospekten auswählen. Es gibt herrliche Prospekte – nur geht es manchen Orten so wie jenen Filmschauspielerinnen, die auch nur halb so hübsch wie ihre Fotos sind. Man ist manchmal sehr erstaunt, wie der schneeweiße, einsame Strand, den man im Reisebüro bewunderte, an Ort und Stelle zu einem jämmerlichen, steinigen Streifen zusammenschmilzt. Strandsteine kommen auf Bildern nie gut heraus, genausowenig wie abgeblätterte Fassaden und häßliche Leute. Auf allen Prospekten genießen nur appetitliche Mädchen und sportlich gestählte Jünglinge den jeweils angepriesenen Ort.

Zur Planung der Reiseroute braucht man selbstverständlich dringend vor allem eine gute Landkarte. Obwohl natürlich jedes Kind weiß, was es mit den Maßstäben auf sich hat, sieht doch alles so angenehm nah aus. Es ist, auf der Karte, gar nicht so schwer, etwa von Barcelona aus einen Abstecher nach Madrid zu machen und dabei die große Befriedigung zu genießen, wie imponierend man seinen Gesichtskreis erweitern wird. Zudem schaden solche Vorhaben nichts, da ohnehin kein halbwegs vernünftiger Mensch seinen genau berechneten Urlaubsplan einhält. Zum Ausrechnen der Entfernungen nehme man am besten den Stechzirkel. Das hat den Vorteil, daß diese Methode einfach ist. Außerdem hat man es so nur mit den Luftlinien zu tun, was die Orte einander erheblich näher rückt. Nur so gelingt auch – weil dabei alle Berge wegfallen – die Errechnung fabelhaft niedriger Benzin- und Eisenbahnkosten. Es gibt niemanden, den das nicht angenehm berührt. Hinterher ist ja sowieso alles teurer, wie man aus bitteren Erfahrungen weiß.

Angeblich sollen manche Leute das Wunder fertigbringen, einen Urlaub nicht nur finanziell durchzukalkulieren, sondern diese Kalkulation auch einzuhalten. Es muß sich da um fabelhafte Ausnahmewesen handeln: Denn wie können sie vorher wissen, ob ein Abend in der Bar mit vielen netten und durstigen Leuten nicht die ganze Rechnung erschüttert? Wie können sie die zauberhafte Bluse in Verona vorausahnen? Oder die Motorbootfahrt, deren Preis man falsch verstanden hat? Für normale Menschen gilt, wie ich immer wieder zu meiner Beruhigung erfahre, unsere Methode: Alles, was an barer Münze nur aufzubringen ist, mitzunehmen und so zu wirtschaften, daß man, ohne die Bahnhofsmission in Anspruch zu nehmen (oder – was noch schlimmer wäre – den Urlaub vorzeitig abzubrechen), einigermaßen auskommt. Wobei es einen nicht anfechten darf, wenn in den letzten Tagen das Essen etwas weniger exquisit ausfällt.

Besonderer Planung bedarf natürlich die Garderobe. Nach einem uralten Gesetz braucht man für jede Reise ein paar neue Sachen. Denn wie deprimierend wäre es, den Leuten an der Riviera oder am Wörther See die Kleider vorzuführen, die die Leute in Pasing oder Essen-Süd schon kennen. Und wenn man etwa zehnmal jährlich die Autobahn Hannover–München im normalen Kostüm zurückgelegt hat – fährt man die gleiche Strecke auf der Urlaubsreise, so tut man es aus unerfindlichen aber zwingenden Gründen in engen Hosen. Aber alle Hosen vom vergangenen Jahr sind in diesem Jahr nicht mehr richtig... Vergessen Sie nicht, daß als Wichtigstes zur Planung jeden Urlaubs eine ungeheure Beredsamkeit gehört: Man muß so manchem Urlaubsmuffel so vieles vorher klarmachen! Tun Sie es aber bitte möglichst schonend!

Wer hütet denn das Haus?

In gewisser Beziehung haben es die Nomaden gut: Wenn sie sich an einen anderen Ort begeben wollen, dann packen sie ihre Zelte und Teppiche ein, rufen ihre Kinder zusammen, pfeifen nach ihren Kamelen, und zurück bleibt lediglich eine leere Feuerstelle und alles das, was die Nomaden ohnehin gern loswerden wollten. Wir dagegen begeben uns nur für eine gewisse Zeit von zu Hause fort und lassen deshalb eine ganze Menge zurück – totes und unter Umständen sogar lebendes Inventar, und beides möchten wir hinterher wieder so antreffen, wie wir es verlassen haben. Es ist noch gar nicht so lange her, da schloß man einfach die Tür hinter sich zu, steckte den Schlüssel ein und begab sich ruhig auf die Reise. Inzwischen aber ist die Welt schlechter geworden, so daß nicht nur wie früher notorische Schwarzseher an Einbrecher denken. Und auch Menschen, die in den Ferien liebend gern Hunde, Katzen und Wellensittiche anderer Leute in Pflege nehmen, werden immer knapper – also sieht man sich nach jemandem zum Einhüten um, wie man in Norddeutschland die Beaufsichtigung einer anderen als der eigenen Wohnung nennt.

Die einfachste Klasse von Einhütern sind die lieben Nachbarn, die den Schlüssel bekommen, täglich die Blumen gießen, das Licht an- und ausschalten und die Läden öffnen und schließen. Man tut das gleiche für sie, und so sind alle glücklich und zufrieden, es sei denn, das Gewissen der Einhüter schlägt, weil unter ihrer Herrschaft ein Goldfisch oder eine Azalee eingeht.

Schwieriger ist es, eine vertrauenswürdige Persönlichkeit zu finden, die bereit ist, ganz einzuziehen. Leider läßt sich das Problem nicht lösen, indem man irgendeinen Obdachlosen hierfür gewinnt. Also muß man schon jemanden suchen, der zwar ein Obdach hat, aber bereit ist, es zu verlassen, um nach unseren Tieren, Blumen, Rolläden, Blattläusen und Obsternten zu sehen und nächtliche Einbrecher abzuschrecken. Es muß eine Person unseres Vertrauens sein, worunter man nicht nur versteht, daß sie grundehrlich ist, sondern auch, daß sie den Hund nicht überfüttert, bei Bedarf die Rhododendren tränkt, nichts Heißes auf die polierten Möbel stellt, nicht über Gebühr herumschnüffelt, keine teppichbodenzerstörenden Orgien feiert und daran denkt, die Heizung abzudrehen, wenn von draußen genug Wärme hereinkommt. Vor allem sympathische, muntere, junge Leute entsprechen in vielen Punkten nicht diesen hohen Anforderungen. Da sie aber die bereitwilligsten Einhüter sind, kommt man schließlich doch wieder auf sie zurück. Verwandte im Rentenalter, die gern einmal woanders weilen, sind hingegen auch nicht immer völlig unproblematisch.

Man muß aber auch die andere Seite sehen: Da ist man ganz allein in der fremden Bleibe und trägt die Verantwortung. Zudem wurde einem zwar gesagt: „Du hast überhaupt nichts zu tun, als dazusein ...", jedoch folgten dann Zusätze „... und nach dem Hund zu sehen ... und laß das Meerschweinchen mal im Garten laufen ... und ehe der Rasen ganz vertrocknet, nimm den Gartenschlauch ... sieh zu, daß du zu Hause bist, wenn der Mann für die Waschmaschine kommt, sonst ruf ihn noch mal an ... es wäre wahnsinnig nett, wenn du die Bettwäsche wegbringst ... die Gartenstühle vertragen keinen Regen ..." und so weiter. Und dann will der sich verlassen glaubende Hund nicht fressen, sondern sitzt mit dem Blick eines verendenden Rehs in der Ecke. Und einen neuen, möglichst gleich aussehenden Goldhamster mußt du auch auftreiben, weil der alte einen kleinen Ausflug auf den Balkon zu einem Selbstmord mißbrauchte. Auch Rohrbrüche, weggewehte

Dachziegel, tropfende Heizkessel und ähnliche mittlere Katastrophen sollen Einhütern schon zugestoßen sein, vom schlechten Gewissen ganz zu schweigen, wenn man zusieht, wie das Unkraut wächst und wächst, weil man sich nicht auch noch dafür zuständig fühlt. Eine spezielle Form des Einhütens ist wohl die mit den größten Problemen: Man übergibt und übernimmt nicht nur Wohnung, Garten, Tiere und Topfblumen, sondern auch kleine und größere Kinder. Doch darüber das nächste Mal.

P. S.: Irgendeinen Ärger findet man bei der Heimkehr immer. Dies sollte man gleich unter „Reisekosten" einkalkulieren und geduldig tragen!

Die lieben Kleinen bleiben daheim

Weil ja schließlich auch die treusorgendste Mutter kein Kettenhund ist, taucht vor ihrem inneren Auge zuweilen die Vision auf, einmal im Urlaub ganz ohne Kinder zu sein. Einmal nicht bei Tau und Tag Kinderhöschen zu wechseln, einmal nur nachdenken dürfen, was sie selbst heute anziehen will, und kein Essen planen zu müssen, wenn sie selbst glücklicherweise überhaupt keinen Appetit hat! Kein Kampf gegen Langeweile bei Regen! Landschaftliche Schönheit genießen, ohne einen müden kleinen Mitwanderer hinter sich her zu lotsen, dem alle Berge dieser Welt gestohlen bleiben können für ein einziges Zitroneneis. Nicht im Schwimmbad ständig auf der Lauer liegen, um Kleinkinder rechtzeitig zu retten, und niemanden als sich selbst abzutrocknen und anzuziehen! Man will auch nicht Streit schlichten und Tränen stillen und Teenagerprobleme lösen. Kurz und gut: Man will die Kinder daheim lassen.

Manchmal ist es ganz leicht, das Einverständnis der Betroffenen zu erhalten: Man beschreibt ihnen tückischerweise die langen Wanderungen und Besichtigungen, die endlosen Autofahrten, die man vorhat, in tendenziöser Ausführlichkeit. Im Gegensatz dazu berichtet man von den Freuden, die die Daheimgebliebenen genießen können, indem sie im Bett der Eltern schlafen dürfen, jeden Tag mit der guten Tante Sechsundsechzig spielen können, im Fernsehen den gerade laufenden Dauerwestern nicht verpassen (dies Argument bringt man nicht ohne schlechtes Gewissen vor) und indem sie zum guten Schluß etwas ganz Herrliches mitgebracht bekommen. Begabte Mütter sollen es schon geschafft haben, daß die Kinder schließlich reines Mitleid für die armen Eltern empfanden, die wegreisen mußten. Schwierig ist die Sache bei den ganz Kleinen, die noch nicht so recht begreifen, was vor sich geht. Während man anfangs noch heiteren Sinnes seine Strandkleidung einpackt, bricht einem schon bald fast das Herz, wenn so ein kleines noch nicht Zweijähriges voller Eifer immer wieder dies schöne Spiel mitspielen will und eigene Sachen dazupackt. Man fühlt sich als Rabenmutter und bekommt plötzlich schwerwiegende Zweifel, ob die Stellvertreterin auch den Text von „Heile, heile Segen ..." und „Wer hat die schönsten Schäfchen ..." beherrscht, was beides bei verschiedenen Anlässen dringend gesungen werden muß.

Was die Stellvertreterin betrifft, so ist die Sache noch problematischer geworden, seit es für diesen Fall nicht mehr schlichte Tanten und Omas gibt, von denen man gläubig annahm, daß sie schon zurechtkommen würden, sondern „Bezugspersonen", die nämlich dann bleibende Schäden anrichten, wenn sie keine sind. Aber da sich unbegreiflicherweise die Leute nicht darum reißen, unsere reizenden Kinder zu hüten, muß man schließlich nehmen, was sich anbietet, auch, wenn man vorher ziemlich genau weiß, daß die lieben Kleinen der einen Bezugsperson auf der Nase herumtanzen, daß sie bei der anderen ein ausschweifendes Nachtleben führen und eine dritte nach unausrottbaren Grundsätzen ganz bestimmt darauf besteht, daß der Teller leergegessen werden muß und man sich mittags wenigstens eine Weile hinlegt. Eine gutmütige Tante schreibt gewiß am laufenden Band Entschuldigungen für nicht angefertigte Schularbeiten, und überängstliche Omas kleiden wehrlose Babys ständig für Polarexpeditionen ein. Auch geistige Einflüsse müssen einkalkuliert werden: Ich habe meine Kinder schon als Fans für bestehende und vergangene Monarchien wieder angetroffen, und eine Freundin mußte nach der Heimkehr die Frage beantworten: „Warum ist der Opa eintlich ein Kapilist und Beuter?“

Die Hüterinnen unserer Kinder sind ganz gewiß zu den guten und hilfreichen Menschen zu rechnen. Wie gut sie sind, merken sie manchmal selbst erst, wenn sie ein paar Tage hinter sich gebracht und die ersten nächtlichen Störungen, zerschlagenen Knie, Trotzanfälle, Geschwisterschlachten und den ersten Schulärger hinter sich haben.

Bei der Rückkehr kann es einem passieren, daß alle Beteiligten aufatmen. Es kann einem aber genausogut passieren, daß einen das geliebte Baby als Bezugsperson abgemeldet hat. Und wenn die Kleinen mit verklärtem Blick sagen: „Mit der Tante Anni war es aber (!) soo schön!“ ist einem das – was gilt die Wette? – auch nicht ganz recht.

Das große Packen

Bevor es ans eigentliche Werk geht, leiten Vorverhandlungen mannigfaltiger Art die Aktion ein. Es geht beispielsweise darum, ob Karlchen mitreisen darf. Karlchen ist ein ausgewachsener Hase von ansprechendem Charakter. Als Präzedenzfall für seine Begleitung spricht die Tatsache, daß auch der inzwischen dahingeschiedene Goldhamster Poldi schon einmal mit von der Partie war. Dagegen ist allerdings einzuwenden, daß Karlchens Behausung mehr als dreimal so groß ist wie die des Verstorbenen. Also bleibt er daheim, was nicht ohne eine gewisse Verdüsterung hingenommen wird. Auch die Mitnahme des Schlauchbootes („... im letzten Jahr haben wir es nur ein einziges Mal über die Dünen geschleppt..."), eines Klappfahrrades und der Bocciakugeln wird am besten vorher ausdiskutiert, denn nichts kann die durch die große Familieneinpackerei bereits strapazierten Nerven noch mehr belasten, als wenn plötzlich jemand mit einem dieser Gegenstände neben dem geöffneten Kofferraum auftaucht. Auch sollte man sich vorher darüber einigen, ob selbstgemachte Marmelade, einige Bestände aus dem Weinkeller, der Haartrockner, die Kaffeemaschine und die Hundefutterschüssel mitreisen müssen. Dies ist natürlich nur eine Überlegung für Familien, auf die am Reiseziel ein Ferienhaus wartet – womöglich noch ein wildfremdes.

Das eigentliche Kofferpacken aber dreht sich meist um Schuhe, Textilien und Kosmetika. Hier scheiden sich dann sofort die Geister in solche, deren Ideal es ist, mit einem Minimum an Sachen auszukommen, und solche, die für alle Fälle gerüstet sein wollen – und Fälle gibt es sehr viele! Kann man etwa vorher wissen, ob man auch ein elegantes Kleid braucht und ob dieses Kleid dann lang oder kurz sein muß? Man hofft zwar, daß es warm wird, kann das aber nicht sicher vorhersagen, was wiederum wärmere Hosen, Pullover, dazu passende Blusen und Schuhe bedeutet. Und zu dem allerschönsten Pullover paßt nur die Hose, die erfahrungsgemäß jeden dritten Tag in die Reinigung muß. Also wäre es sicher leichtfertig, nicht noch weitere Möglichkeiten gegen etwaige Kälte zu schaffen. Gürtel, Tücher und Jacken müssen auch bedacht werden, damit man nicht wieder ein Kleid ganz umsonst mitnimmt, weil man nicht an den Gürtel gedacht hat (oder an die Schuhe ...).

Leute von der anderen Geisteshaltung, deren Ideal etwa darin besteht, den gesamten Urlaub in einer mehr bequemen als eleganten Hose und einem Pullover undefinierbarer und deshalb nicht schmutzender Färbung zu verbringen, weisen alle Eventualitäten – vor allem die des Gegenstücks zum eleganten Kleid – weit von sich, und man tut gut daran, sich mit ihnen nicht in Diskussionen festzubeißen, sondern stillschweigend das eine oder andere repräsentative Stück ihrer Garderobe in den eigenen Koffer zu packen. Dank soll man dafür allerdings nicht erwarten. Für den bedauerlichen Fall, daß die Sachen wirklich nicht gebraucht werden, muß man sich auf Spott und Hohn gefaßt machen, den man übrigens auch auf jeden Fall zu spüren bekommt, wenn unsere eigenen schwerwiegenden Koffer ins Auto oder ins Taxi gehoben werden und man nicht verbergen kann, daß es noch eine weitere Tasche mit Schuhen oder einen Sack mit Pullovern, Badezeug und Kosmetik gibt. Die spitze Frage: „Wie lange wollen wir denn eigentlich bleiben?" überhört man unter diesen Umständen am besten.

Bei der nachfolgenden Generation ist man hin- und hergerissen, ob man es schon aus Bequemlichkeit begrüßen soll, wenn sie darauf bestehen, von einem gewissen Alter an ihre Sachen selbst zu packen, oder ob man besser ein waches Auge auf diese Aktivität richtet. Denn auch hier scheiden sich genau wie bei den Großen die Geister. Zwar ist der Typ, der sich am liebsten auf die gemütlichsten Jeans und den dicken Seemannspullover beschränken würde, weitaus in der Überzahl. Aber es gibt auch junge Menschen von der Sorte, die am liebsten alles mitnähmen, selbst die Skihosen und den Gymnastikanzug.

Und so ist es nicht zu verwundern, daß einer der Höhepunkte jeder Reise schon in der Feststellung besteht, daß man eigentlich alles glücklich verstaut hat. Aufatmend läßt man sich in die Polster des Wagens oder des Abteils fallen: Die Fahrt kann beginnen!

Bloß nicht den Zug verpassen!

Mit das allerschwierigste auf der Welt ist dies: rechtzeitig auf dem Bahnhof zu sein, wobei unter „rechtzeitig" zu verstehen ist: weder zu früh, noch zu spät. Denn wenn das Zuspätkommen in vielen Fällen eine wahre Katastrophe darstellt, so ist auch das Zufrühkommen zuweilen sehr unangenehm – vor allem, wenn man etwa in seinen reizendsten Reise- oder Abholpumps bei grimmiger Kälte auf dem zugigen Bahnsteig steht: wenn man zur nächtlicher Stunde mutterseelenallein im Bahnhof herumwandeln muß und höchst merkwürdige Angebote gemacht bekommt, oder wenn alle Abschieds- und Grußworte längst gesagt sind, und der Zug macht immer noch keine Miene, einzulaufen, geschweige denn abzufahren. Jeder Mensch hat andere Eisenbahnangewohnheiten, und zumeist sind sie ganz tief in der Kindheit verankert. Nie wird man jenes, einem Alptraum gleichende Erlebnis los, als die ganze Familie pustend und keuchend die Bahnhofstreppen hinaufjagte – und wie hoch können Bahnhofstreppen sein! – den Bahnsteig entlangraste, an dessen äußerstem Ende der Zug ganz klein und fern stand, und man plötzlich im Rennen feststellte, daß das Puppenkind, das man eben noch unter dem Arm hielt, weg war! Und man wurde immer weiter gezerrt und schrie und schrie, während keiner vor lauter Rennen hinhörte, was man schrie. Leute, die so etwas erlebt haben, neigen dazu, zu früh zu allen Zügen zu gehen.

Andere wieder haben eine unglaubliche Wurstigkeit – vielleicht, weil sie einmal mit Onkel Max gemeinsam einen

Zug verpaßten und weil der gute Onkel nur schallend lachte und mit ihnen anschließend bis zur Abfahrt des nächsten Zuges in ein Kino ging, das eigentlich erst für solche ab vierzehn Jahren statthaft war. Und wenn man immer erleben mußte, wie die gute Tante Emmi bereits eine halbe Stunde nicht vor Abfahrt des Zuges, sondern vor Abfahrt des jeweiligen Gefährtes, das sie zum Zuge bringen sollte, mit Mantel, Hut und Schirm aufrecht im Sessel saß, so hat das ganz gewiß auch seine Wirkungen auf die übrige Familie, wobei es allerdings sehr verschieden sein kann, welche.

Nun gäbe es ja in dieser Beziehung keine Problematik, wenn jeder dann zum Bahnhof gehen könnte, wann es ihm paßt. Leider aber geht man nicht immer allein zum Bahnhof, und leider geschieht es sehr oft, daß Leute von überängstlicher und solche von wurstiger Gemütsart zusammengekoppelt sind. Echter Haß kann zwischen Menschen, die sich sonst werthalten, erblühen, wenn der eine aufrecht im Mantel dasitzt und drängt, während der andere zwar auch dasitzt, aber nicht im Mantel, sondern vielleicht gar noch im Morgenrock und liest oder sich manikürt.

Übrigens sind die Berechnungen, die dann mit einer gewissen Verbitterung angestellt werden, von beiden Seiten stark gefärbt. Selbst sonst anständige Charaktere scheuen nicht vor üblen Manipulationen an Uhren und mit Fahrzeiten zum Bahnhof zurück. Die Zeit etwa von meinem Elternhaus bis zum Hauptbahnhof schwankte genau um hundert Prozent in den Angaben der verschiedenen Familienmitglieder, wobei es noch bei jedem gewisse Variationen gab, je nachdem, ob er selbst reisen oder jemanden abholen wollte, wobei es dann wieder darauf ankam, wen.

Bei besonders heftigen Meinungsverschiedenheiten ist es bei manchen Leuten schon schwierig zu entscheiden, ob sie es mehr schätzen, den Zug zu verpassen und recht zu behalten, oder umgekehrt. Jedenfalls gibt es wohl kaum Orte auf der Welt, auf denen alle Arten von „Da siehst du, daß ich recht hatte!" häufiger ausgesprochen werden als auf Bahnhöfen. Und wenn man – zu früh gekommen – auf den Bahnsteigen hin und her geht, so kann man feststellen, daß wirklich nicht alle Gespräche nur eitel Reisefreude, Trennungsschmerz und Erwartung enthalten, sondern daß auch mancherlei Meinungsverschiedenheiten auszutragen sind. Es gibt zum Beispiel immer noch Menschen, die beim Einlaufen des Zuges von einer wahren Panikstimmung ergriffen werden und hochklopfenden Herzens, gesträubten Haares und außer Atem mit allem Gepäck gewissermaßen zum Sturm ansetzen, während andere sich wieder nicht für einen Platz entscheiden können und ein ewiges Herumsuchen beginnen. Beides ist für die geplagten Mitmenschen nicht immer leicht und kommentarlos zu ertragen.

Auch das Abholen, das doch eigentlich ganz einfach sein sollte, hat seine Tücken: falsche Ankunftszeiten, Vorzüge, ausgefallene Straßenbahnen, im letzten Augenblick geänderte Bahnsteige, zwei Bahnhofsausgänge, zwei Züge aus der gleichen Richtung und sogar Verfrühungen! Schon als Kind wurde ich darauf gedrillt, so lange, bis einer käme, immer dort stehenzubleiben, wo ich ausgestiegen wäre, bis ich abgeholt würde. Dieses System hat sich immer bewährt, bis auf einmal. Da holte mich nämlich jemand ab, dem man schon von klein auf eingebleut hatte, immer an der Ausgangssperre stehenzubleiben und zu warten. Wir haben – soweit ich mich erinnere – sehr lange aufeinander gewartet.

Auf Wiedersehen und paß gut auf dich auf!

Wenn wir als Kinder verreisten – und wir wurden schon im zartesten Alter allein in den Zug, der uns zu den Verwandten brachte, gesetzt –, so waren wir des guten Platzes halber schon sehr früh auf dem jeweiligen Bahnsteig. Unsere Mutter wußte natürlich haargenau, daß gar kein Fensterplatz zwei mürrische Kinder – damals sagte man noch nicht frustriert – und nur ein Fensterplatz Mord und Totschlag zur Folge haben würde. Also mußten es zwei Fensterplätze sein, dazu noch im Nichtraucherabteil und in der Nähe des Zugschaffners, was nur zu erreichen war, wenn wir eben recht lange vor Eintreffen des Zuges zur Stelle waren. Dies wiederum bedeutete, daß wir alle guten Ermahnungen mehrfach zu hören bekamen. Es begann mit den Grüßen an die lieben Großeltern oder sonstigen Verwandten, die auf keinen Fall vergessen werden durften, und endete mit dem Auftrag an meine ältere Schwester, darauf zu achten, wenn ich eines Taschentuchs dringend bedürftig sei. (Sie pflegte dies taktvoll mit dem Hinweis: „Es glitzert!" zu tun.) Dazwischen kam die Mahnung, den Reiseproviant schön aufzuessen (aber nicht auf einmal und nicht damit vor Abfahrt des Zugs zu beginnen), nicht die Türen anzufassen und auf keinen Fall in Osnabrück mal auszusteigen, nicht in Fahrtrichtung aus dem offenen Fenster zu schauen, nicht den Gürtel vom neuen Mantel hängenzulassen, von keinem Fremden etwas anzunehmen, sich von niemandem ausfragen zu lassen und die Toilettentür nicht zu verriegeln, sondern lieber füreinander davor Wache zu stehen. Dies alles zunächst auf dem Bahnsteig und dann noch einmal durch das offene Abteilfenster immer wieder Gehörte prägte sich so ein, daß ich es neulich unschwer wiedererkannte, als es eine Mutter, die ihre Kinder zur Bahn brachte, ihrerseits nahezu vollständig ihren nur mäßig interessierten Sprößlingen anempfahl. Offensichtlich handelt es sich hier um ein pädagogisches Eisenbahnabschiedsgespräch von Ewigkeitswert, mit dem man wahrscheinlich schon zu Urgroßmutters Zeiten alleinreisende Kinder beschäftigte.

Vieles davon, wenn auch in einer dem Alter angepaßten Form, findet bei Erwachsenen ebenfalls Verwendung. Leider aber hassen viele Leute wertvolle Ratschläge und fürsorgliche Ermahnungen sowieso und bei Antritt einer Reise noch ganz besonders. Hier fällt also ein nahezu unerschöpfliches Thema, mit dem man die Minuten bis zur Abfahrt des Zuges gestalten kann, weg. Denn, wie wir alle wissen, diese letzten Minuten können es in sich haben: Längst ist alles gesagt. Man hat sich bedankt, man hat den Dank zurückgewiesen, man hat sich alles Gute und Schöne und viel Erfolg gewünscht, man hat konstatiert, wie nett es mal wieder war und daß man sich auf ein Wiedersehen freut. Das Wetter ist durchgesprochen, die Lektüre ist besorgt und überreicht, die Mutmaßungen, ob der Zug voll oder leer sein wird, sind abgeschlossen – und noch immer sind es fünf Minuten bis zum Eintreffen des Zuges. Selbst bei Menschen, die man wirklich schätzt oder gar lieb hat, können sich diese Minuten wie Gummi in die Länge ziehen, und es passiert einem unter Umständen das, was man sonst nur bei gleichgültigen und langweiligen Bekannten kennt: Es fällt einem einfach rein gar nichts mehr ein.

Im günstigsten Falle fährt dann der Zug gleich nach seinem Eintreffen weiter. Andernfalls ist es durchaus möglich, daß noch eine Neuauflage des Gesprächs durch das offene Abteilfenster zu führen ist. Wer viel auf Bahnhöfen herumkommt, hat immer wieder Gelegenheit, die gleichen Gruß- und Dankesworte, die gleichen Wünsche für Wetter und Erfolg und die Mahnung, auf sich aufzupassen, aus den Fenstern zu hören. Manche Leute laufen sogar noch winkend und weiterredend neben dem fahrenden Zug her, während die eher Weisen gleich, wenn sie ihre Lieben installiert haben, den Bahnhof zu verlassen pflegen.

Aber wie ein echter Schicksalsschlag kann es einen treffen, wenn man wirklich alles gesagt hat, und dann hat der Zug zweiunddreißig Minuten Verspätung!

Im nächsten Urlaub wird gesund gelebt!

Nicht immer lebt der moderne Mensch gesund, und nicht immer ist das, was für ihn gesund wäre, auch angenehm. Deshalb neigt er leider dazu, Aktivitäten für sein körperliches Wohlbefinden zunächst einmal zu verschieben. Es gibt da verschiedene Termine: die nächste Woche, der nächste Frühling, nach den Feiertagen (welche auch immer gemeint sein mögen), wenn der Besuch wieder aus dem Hause oder wenn die Familie verreist ist.

Ein sehr beliebter Termin, um endlich etwas für die Gesundheit zu tun, ist auch der nächste Urlaub. Es genügt natürlich nicht, nur an einen anderen Ort zu fahren, dort die gesunde Luft, die andere Umgebung und die Ruhe von der Arbeit zu genießen – nein, der wirklich gesundheitsbewußte Mensch hat Größeres vor: Er wird sich beispielsweise im Urlaub das Rauchen abgewöhnen. Nun gibt es zwar keinen plausiblen Grund dafür, warum dies gerade in den Ferien geschehen soll, wo man von morgens bis abends herrlich Zeit hat, an Zigaretten, Pfeifen und Zigarren zu denken, aber vielleicht liegt es daran, daß man viele Monate gewissermaßen mit bestem Gewissen rauchen konnte, wenn man nur an den schönen Vorsatz dachte, dies Laster ganz bestimmt im nächsten Urlaub einzustellen. An die armen Mitmenschen hat man natürlich nicht gedacht. Jeder, der dies einmal durchlitten hat, weiß, was es bedeutet, Seite an Seite mit einem Menschen zu leben, der sich gerade das Rauchen abgewöhnt. Da hat es schon etwas für sich, wenn ein geregeltes Arbeitsleben den neuen Nichtraucher tagtäglich viele Stunden aus dem

Hause führt. Es zerreißt einem ja das Herz, wenn man sonst eher heitere Gefährten finster brütend und Kaugummi kauend im Strandkorb neben sich sitzen hat. Wahrhaft vom Schicksal geschlagen ist jedoch eine Frau in meiner Bekanntschaft, deren Mann sich in jedem Urlaub endgültig das Rauchen abgewöhnt.

Man kann auch der Gesundheit im Urlaub dienen, indem man endlich einmal ein ganz solides Leben führt: früh aufsteht, früh schlafen geht und einen weiten Bogen um alle die Stätten macht, wo weniger auf ihr Wohlbefinden bedachte Menschen in verräucherten Räumlichkeiten Alkohol in verschiedenster Form zu sich nehmen und das Tanzbein schwingen. Dies ist sicher sehr lobenswert, wenn es sich nicht um einen einsamen Entschluß handelt, sondern ein etwaiger Urlaubspartner einverstanden ist und nicht sehnsüchtig ferner Tanzmusik lauscht beziehungsweise sich um seinen Dämmerschoppen betrogen fühlt. Auch ist das frühe Aufstehen nicht jedermanns Sache, vor allem, wenn es gar noch mit einem gesundheitsfördernden Kaltbad vor dem Frühstück verbunden ist. Erfahrungsgemäß wird allerdings der zu Hause fest gefaßte Entschluß, allmorgendlich vor Tau und Tag zum Zwecke der Abhärtung in die Wellen zu springen, meist nicht den ganzen Urlaub hindurch konsequent durchgeführt.

Überhaupt ruht auf den schönsten Trimm-dich-Programmen nicht immer der wahre Segen. Wenn man zu Hause spürt, daß man doch gewaltig einrostet, faßt man leicht Entschlüsse wie diese: in den Ferien täglich zehn Kilometer zu laufen, hundertmal Seil zu springen, Atemübungen zu machen, Intervalltraining zu üben, Tennis zu spielen, eine Stunde zu schwimmen, regelmäßig Kniebeugen und Liegestütze zu vollführen und sowohl Expander als auch Baligerät zu benutzen. Und es ist schrecklich schwer, so ein Programm dann auch tatsächlich und noch dazu regelmäßig durchzuhalten. Zuerst behilft man sich damit, daß man am nächsten Tag alles etwa Verbummelte durch das Absolvieren des doppelten Pensums nachholt. Dann aber gibt man's irgendwann auf und macht sich nur noch bohrende Selbstvorwürfe, wenn man den Strandnachbarn Morgen für Morgen seine Yogaübungen gewissenhaft vollführen sieht oder wenn die tüchtige Bergwandererfamilie allabendlich rüstig die Alm heruntergeschritten kommt.

Manche halten auch den Urlaub für die geeignete Zeit, auf dem Gebiete der Ernährung ihrem zivilisationsgeschädigten Körper etwas zugute zu tun. Sei es, daß sie den empfindlich gewordenen Magen von allem verschonen wollen, was ihn belastet (und was als besonders schmackhaft empfunden wird), sei es, daß man deprimierende Eindrücke beim Einkauf der neuen Urlaubs-Badebekleidung empfing und nun mit ein paar Pfunden weniger heimkommen will. Oder sei es, daß ein neues, unbeschreiblich wunderwirkendes Rezept gerade in unserer Umgebung angepriesen wird: Leinöl trinken beispielsweise, tagelang von Quark oder Reis leben, Obstessig zu sich nehmen oder jeden Morgen ein Gebräu essen, das nahezu keinen Reformhausartikel unberücksichtigt läßt. Leider ist alles dies nur bei ganz charakterfesten Menschen von Erfolg gekrönt. Irgendwie machen Ferien fatalerweise Appetit – und leider nicht nur auf Leinöl und Obstessig.

Erfahrene Urlauber, die jahrelang vergeblich den ganz besonders gesunden Urlaub zu machen versucht haben, sind schließlich dazu gekommen, eine Kur zu planen. Denn da muß man ja dafür bezahlen, daß man hungert, nicht raucht, früh aufsteht, in nasse kalte Tücher gewickelt wird, sich abschindet und auf viele Freuden des Lebens verzichtet. Und wofür man gezahlt hat, das will man denn ja auch haben!

Man ist ein neuer Mensch!

Manche Menschen fahren im Urlaub Hunderte und Tausende von Kilometern weit und sind doch von dem einzigen Wunsch beseelt, es in der Ferne, wo auch immer sie liegt, ganz genauso wie daheim anzutreffen. Schon am Morgen beleidigt es sie, daß der Kaffee anders schmeckt und die herausgestellten Schuhe nicht im geringsten sauberer sind als am Abend vorher. Tagsüber ärgern sie sich, weil man sich nun einmal außerhalb von Deutschland anderer Sprachen bedient, weil man gebackene Tintenfische ißt, links fährt, mittags viele Stunden lang die Läden schließt und Kinder auf der Straße betteln läßt. Abends wäre dann zu monieren, daß man zu früh oder zu spät Polizeistunde hat, die Babys nicht rechtzeitig schlafen legt und den Gästen aus Oberhausen und Höchst völlig andere Betten anbietet, als sie in ihren Gemächern daheim stehen haben – sei es, daß man sie in einem einzigen großen Bett unterbringt, sei es, daß man sie mit Wolldecken zudeckt statt mit den heimischen Daunen und Federn.

Andere Menschen dagegen wollen es in den Ferien unbedingt ganz, ganz anders haben als im alltäglichen Dasein. Schon die Tatsache, daß der Hausknecht, der den Koffer ins Urlaubsziel bringt, ein so uriges Oberbayrisch spricht, daß er einfach nicht mehr zu verstehen ist, stimmt sie glücklich. Die Tatsache, daß die Briefkästen woanders rot sind, freut sie ehrlich; daß die Polizei gekleidet ist wie der standhafte Zinnsoldat im Märchen, empfinden sie als persönliches Geschenk, und wenn man ihnen etwas zu essen vorsetzt, was sie noch nie im Leben gesehen, geschweige denn gegessen haben und von dem sie nicht die geringste Vorstellung haben, was es wohl enthalten könnte, so ist das für sie ein spannendes Abenteuer. Sie finden es herrlich, zwischen zweiundzwanzig und vierundzwanzig Uhr zu Abend zu speisen, ja, sie sind sogar geneigt, es romantisch zu finden, wenn ihnen in jener südlichen Stadt mit dem schlechten Ruf wirklich etwas gestohlen wird – allerdings darf es nicht zuviel sein oder die Polizei muß es möglichst auch wiederbeschaffen. Nicht, daß man sein Zuhause nicht wirklich lieb hätte – aber einmal im Jahr möchte man es doch ganz anders haben. Am liebsten aber auch sich selbst.

Das fängt damit an, daß der Mensch, der nach Veränderung strebt, im Urlaub grundsätzlich ganz anders gekleidet sein will: besser oder salopper oder bunter oder eleganter – auf jeden Fall aber anders. Sei es, daß man das gute Reinseidene am Alltagsvormittag in Rom spazierenträgt oder daß man nicht ohne blütenweiße Handschuhe ausgeht und sich bewundernd als das Urbild von Eleganz in den Schaufenstern spiegelt, oder sei es, daß man sich konsequent nur mit Badeanzug, Jeans und einem Pullover sehen läßt. Vielleicht trägt man im Urlaub entgegen sonstiger Gewohnheiten immer Strümpfe oder gar keine, vielleicht läßt man sein Haar ganz kurz schneiden oder geht dauernd zum Friseur. Schon die gewöhnliche Autobahnstrecke legt man auf dem Weg in den Urlaub gewissermaßen kostümiert zurück. Und sei es nur mit nagelneuer Sonnenbrille, wenn gar keine Sonne scheint.

Der andere Mensch, der man nun sein will, hat auch ganz andere Eigenschaften. Manchmal ist er unbeschreiblich albern, und kann, wie einstmals als Schulkind den Unterricht, die ganze Schloß- und Museumsführung irritieren; manchmal kommt seine das ganze Jahr hindurch aufgestaute Sangeslust zum Vorschein, und er besteht schon früh um sechs im Auto darauf, daß der Mai gekommen und das Wandern des Müllers Lust ist; und manchmal wird er geradezu freßlustig und zur unerschöpflichen Einnahmequelle aller Würstchen-, Eis- und Kuchenhändler. Diejenigen, die das ganze Jahr hindurch auf den Pfennig geguckt haben, weil ein hartes Programm es so verlangte, werden plötzlich von einem Was-kostet-die-Welt-Gefühl übermannt: nicht nur, daß sie teure Nachtlokale in fremden Hauptstädten aufsuchen, nein, sie kaufen daselbst auch noch für ihre Damen Rosen, was, wie jedermann weiß, eine der besten Arten ist, Geld loszuwerden. Andere, die von Berufs wegen sonst dauernd repräsentativ speisen, zieht es nun – sehr zum Ärger der sie begleitenden Damen – unwiderstehlich in höchst unrepräsentativ aussehende Pinten. Das nennt man dann die Volksseele studieren. Die Volksseele, die daheim ganz gewiß nicht von großem Interesse ist, kann überhaupt für den verwandelten Urlauber sehr interessant sein, vor allem, wenn sie in hübscher und ansehnlicher Erscheinungsform auftritt. Das Gefühl, daß einen, erstens, woanders überhaupt keiner kennt und daß man, zweitens, ja zur Zeit ein anderer Mensch ist, erleichtert dieses Studium sehr.

Übrigens soll für manche Herren der Höhepunkt aller Urlaubsfreuden darin bestehen, sich in dieser Zeit nicht ordentlich zu rasieren. Hiergegen werden allerdings häufig Bedenken angemeldet.

„Am dritten Tag gibt es garantiert Krach!“

Zu den Freuden, die einem das Leben zu bieten hat, gehört ganz sicher auch die: an einem Urlaubsort, wo man mindestens drei Tage bleiben wird, angekommen zu sein und ausgepackt und eingeräumt zu haben. Die Kosmetika stehen im Bad oder über dem Waschbecken, die Kleider und Hosen hängen mehr oder weniger verknautscht im Schrank, das Badezeug ist wieder nach uraltem Gewohnheitsrecht im Nachttischchen gelandet, und alles andere ist auch versorgt. Sogar der Gürtel zum rosa Kleid, den man unterwegs schon verloren gegeben hatte, hat sich doch noch in einem Schuh, fein säuberlich zusammengerollt, angefunden, während man vom Kopftuch nun endgültig annehmen muß, daß es friedlich daheim an der Garderobe hängt. Die Entscheidung, wer welche Fächer wo bekommt, ist getroffen, und die Kleiderbügel, von denen es immer zu wenige – vor allem Hosenbügel – gibt, sind gerecht verteilt. (Hierbei muß allerdings immer wieder festgestellt werden, daß auch der selbstloseste Mensch, wenn es sich um eine echte Knappheit an Kleiderbügeln handelt, dazu neigt, eher die Sachen seiner Mitmenschen als die eigenen doppelt und dreifach übereinander zu hängen.) Kurzum – man fühlt sich zunächst einmal installiert und beschließt, die jetzt herrschende Ordnung während der nächsten Tage oder Wochen, je nachdem wie lange man bleiben wird, eisern einzuhalten. Manchen Leuten soll dies übrigens auch gelingen!

Aber mit dem Einräumen allein ist es am neuen Ort natürlich nicht getan. Die allerersten Ferientage stellen einen vor weitere Aufgaben. Die Ernährungslage mit all ihren Problemen muß erforscht werden: Wo etwa gibt es morgens frische Brötchen zu kaufen? Stammt der Orangensaft des Hotels aus der Büchse? Was muß man sagen, um ein richtiges weiches Ei zu bekommen und keinen Glibber? In welchem Restaurant fällt man unter die Räuber, und wo gibt es den richtigen, ganz frischen Fisch? Soll man Halbpension nehmen, oder sich auf eigene Faust verköstigen? Wo gibt es das Propangas für den prompt bei der Bereitung der ersten Mahlzeit seinen Geist aushauchenden Herd, und wo ist der Schalter für den Kühlschrank? Der nächste Lebensmittelladen muß auch gefunden werden, und die Stelle, wo die Küchenabfälle hinkommen. Oder aber man muß den richtigen Tischwein ausfindig machen, an den man sich halten wird, und Beziehungen zu einem Kellner anknüpfen, auf dessen Empfehlungen man sich verlassen kann.

Auch die Baderei muß geordnet werden. Ich kenne eigentlich keinen Menschen, der während eines Urlaubes ständig mal hier, mal da badet. Alle haben sie einen bestimmten Platz, auf den sie zumeist schwören. Manchmal allerdings haben sie auch einen Platz, den sie eigentlich nicht mögen, sei es, weil sie voreilig sofort hier einen Strandkorb für vierzehn Tage gemietet und bezahlt haben, sei es, weil sich gräßliche Leute in der Nähe niedergelassen haben, sei es, weil sie den eigentlich richtig schönen Platz erst später entdeckt hatten, oder sei es, weil andere Leute in ihrer Gesellschaft unbedingt auf dieser Stelle bestanden haben. Nicht alle Leute suchen ihren Spezialstrand nur nach der Schönheit aus, manche werden auch durch die Zeitungsbude in der Nähe, durch den Parkplatz im Schatten, durch den nahen Weg oder irgendeine zwischenmenschliche Anziehungskraft dirigiert. Unter allen Umständen ist der erste Badegang immer ein bißchen ungemütlich. Mit allen möglichen Sachen unter dem Arm steigt man ans Wasser, und ehe man so richtig installiert ist und ausgezogen in der Sonne liegt, vergeht einige Zeit.

Manchmal muß man Liegestühle, Badezellen, Strandkörbe, Sonnenschirme, und was es noch alles gibt, ganz woanders mieten und wird zurück zum Hotel oder in die Kurverwaltung geschickt, und manchmal ist einem auch nur deshalb so ungemütlich zumute, weil an einer traumhaft schönen Stelle überhaupt keiner ist – kann das mit rechten Dingen zugehen?

Irgendwo habe ich einmal gelesen, daß es zwangsläufig aus physiologischen und psychologischen Gründen am dritten Urlaubstag Streit gibt. Hierauf kann man sich, wie ich aus langjähriger eigener Erfahrung mitteilen kann, heilig verlassen. Man darf nur nicht kleinlich sein in der Feststellung des dritten Tages; ob man beispielsweise die Reise mitrechnet oder den ersten Tag, der eigentlich erst nachmittags um drei begann. Aber Krach gibt es, denn wer wäre ein solcher Engel, daß er alle die Schwierigkeiten, Entscheidungen, Fehlentscheidungen und Eingewöhnungsstrapazen in der eigenen Brust abmachen könnte und wollte? Wenn also das nächste Mal Ihre Mitmenschen Sie dafür verantwortlich machen wollen, daß es in der von Ihnen heiß erkämpften Badebucht von Seeigeln nur so wimmelt oder daß es in der Pinte nach schlechtem Öl riecht oder daß es hier vor neun Uhr nichts zu essen gibt (was Sie ja übrigens gleich gesagt hatten!) – wenn also irgend etwas so richtig schief läuft und in scharfer Form ausdiskutiert werden muß, dann rechnen Sie mal nach: ganz sicher kommen Sie darauf, daß es der dritte Tag ist. Und so zanken Sie sich gar nicht, weil Sie oder die Mitmenschen eklig sind, sondern weil Sie heute gewissermaßen nicht anders können. Das tröstet ungemein!

Manche Leute nehmen sich übrigens für den Urlaub eine große Aussprache über irgend etwas vor, was schon länger in der Luft liegt. Unseligerweise fallen auch diese Aussprachen allzuleicht auf den dritten Ferientag. Ich hoffe, in Zukunft hüten Sie sich davor. Und dann können die Ferien so richtig beginnen.

Und im Süden treffen wir uns wieder!

Bei aller Liebe zur angestammten Heimat überkommt einen doch zuweilen mit einem gewissen Recht der Gedanke, daß das Wetter hierzulande ganz bestimmt zu wünschen übrig läßt. Das geschieht etwa, wenn man zum vierten Male die Gartenmöbel, die man im April beim ersten warmen Sonnenstrahl hinausbrachte, wieder voll Kummer und Resignation hereinholt, oder wenn man am Urlaubsort aus dem Balkonfenster blickt, für dessen herrliche Aussicht auf die Berge man täglich 7,50 Mark extra zahlt, und nichts als eine dicke Regenwand sieht. Es geschieht auch, wenn man im Juni die Heizung anstellt oder im August, in einen schicken Rollkragenpullover gekleidet, einen steifen Grog zum Aufwärmen trinkt. Wer kann es also unseren lieben Landsleuten verübeln, daß es sie seit Jahrtausenden südwärts zieht, wo erprobtermaßen die Sonne öfter und wärmer scheint? Allerdings darf man nicht dem Irrglauben verfallen, daß dort zu jeder Zeit Schönwettergarantie im Preise inbegriffen wäre. Zuweilen peitschen Regenböen den Markusplatz, und feuchte Kälte entströmt den Marmorfliesen der nicht heizbaren Rivierahotelzimmer, ganz zu schweigen von der Möglichkeit, im Apennin mit dem Auto im Schnee stecken zu bleiben. Aber im allgemeinen ist der Himmel zum mindesten in der Urlaubszeit wirklich blau, so blau und wolkenlos, daß der ewig unzufriedene Nordländer am Ende eines langen Urlaubs sich eines Tages bei dem Gedanken ertappt, daß ein schöner Platzregen fabelhaft erfrischend wirken müßte.

Im Gegensatz zu unseren berühmten Vorfahren reisen wir zumeist nicht mit kriegerischen Absichten gen Süden: doch ist bei manchen von uns der feste Vorsatz, sich von den Einheimischen in jenem Lande, wo die Zitronen blühen, nicht übers Ohr hauen zu lassen, so ausgeprägt, daß er fast schon wieder in eine kriegerische Grundhaltung ausartet. Der Betreffende atmet förmlich auf, wenn endlich ein schwarzgelockter Gepäckträger, Kellner, Taxichauffeur oder Andenkenverkäufer Gelegenheit bietet, sich mannhaft gegen Übervorteilung zu wehren. Im Sinne der Völkerverständigung ist es übrigens sehr von Nutzen, daß nur im seltensten Falle eine sprachliche Verständigung über das Primitivste hinaus möglich ist. Ein in zwei verschiedenen Sprachen geführter Wortstreit wird meist bald aufgegeben. Übrigens muß selbst der in Vorurteile Verrannte irgendwann einmal einsehen, daß es auch südlich der Alpen durchaus reelle Leute gibt. Allerdings ist die Art des Geldverdienens manchmal von der nördlichen etwas verschieden. So trug beispielsweise ein Mann in einer winzigen Hafenstadt, der sich vermittels einer weißen Mütze als Parkwächter auswies, tagelang sein Schild „Gebührenpflichtiger Parkplatz" hinter jedem der wenigen Autos her, um überall, wo man anhielt und ausstieg, Parkgelder zu kassieren. Wenn man aber bedenkt, daß das Schild einen Betonsockel hatte, muß man gestehen, daß der Mann durchaus schwere Arbeit leistete, wodurch wieder einmal die bei uns so verbreitete falsche Ansicht, daß der Südländer wohl von Natur aus etwas fauler sei als wir, widerlegt wurde.

Jedermann weiß, daß in vielen Italienern ein unausgebildeter Operntenor schlummert. Ein Radfahrer, der in sausender Fahrt die Serpentinen von Capri abwärts nimmt und dabei „O sole mio" oder „Yesterday" schmettert, ist keine Seltenheit. Der Nordländer dagegen hat eine Vorliebe für den edlen Chorgesang; südlicher Mondschein und südlicher Wein können ihn zu unerhörten Dauerleistungen anregen. Mit unermüdlichem mehrstimmigem Eifer wird angesichts des tiefblauen Mittelmeers die Frage gestellt, wer denn das bezahlen soll. Eine befriedigende Antwort kann natürlich kaum erwartet werden. Das Problem wäre auch sicher anderswo leichter zu klären. Der gleichfalls aus dem Norden kommende, aber dem Chorgesang weniger ergebene Mensch verspürt dabei in sich den lebhaften Wunsch, jede Landsmannschaft abzuleugnen. Hin und wieder aber erlebt er auch den glücklichen Augenblick, an dem er erleichtert konstatieren kann, daß die Gesänge ihm reichlich fremd vorkommen, und daß zumindest einige Chöre auch aus Holland stammen.

Nicht nur des schönen Wetters wegen reisen viele Landsleute gen Süden, sondern auch, um dort in schöner Umgebung ihre eigenen Landsleute kennenzulernen. Unvergeßlich ist mir der Anblick zweier biederer Hausfrauen mittleren Alters in weißen Blusen und prallen Kostümröcken, die sich auf einer umgestürzten Säule auf dem Forum Romanum gefunden und ihre Füße neben ihre Schuhe gestellt hatten, um sich in ein seliges Gespräch über die geradezu verbrecherische Art des Kaffeekochens zu vertiefen, die die Nachfahren des römischen Weltreiches pflegen. Da spricht man nun von der Uneinigkeit der Deutschen! Außerdem: welche Freude, wenn es einem Autofahrer aus Wanne-Eickel nach nahezu zweitausend Kilometern Fahrt endlich gelingt, ein zweites Auto aus Wanne-Eickel zu erblicken! Aber ganz abgesehen davon, auch sonst ist eine Reise gen Süden sonnenarmen Nordeuropäern zu empfehlen: wer würde sich schon zu Hause mit knappsten Shorts am hellichten Tag auf die Straße trauen?

Ich kenne mich in Paris nicht aus

Zuweilen, unter Leuten, die auf sich halten, wird man in gepflegtem Plauderton gefragt, wo man denn wohl in Paris zu speisen pflege. Fast jeder pflegt in Paris irgendwo zu speisen und preist ein vorzügliches, kleines, Fremden völlig unbekanntes Restaurant, wo man für ein paar – ich weiß nicht wie viele – Francs die einzig wahre französische Küche vorgesetzt bekommt. Bei solchen Gesprächen bin ich immer ganz kleinlaut, denn leider, leider gehöre ich nicht zu jenen Glücklichen, die häufig in Paris zu speisen pflegen. Als ich das erste Mal in Paris gegessen habe, konnte man das wohl kaum speisen nennen, da es uns offensichtlich gelungen war, das einzige französische Restaurant auszumachen, wo es genau das gleiche trockene Wiener Schnitzel – nur unter französischem Namen – mit scheußlich saurem, leicht angewelktem Salat gab wie überall sonst in Europa in minderen Speiselokalen. Noch nie habe ich von anderen Leuten gehört, daß ihnen in Paris ähnliches begegnet wäre. Wir müssen also eine wirklich ungewöhnliche Findigkeit bewiesen haben, gerade dieses Schnitzel aufzuspüren.

Dieser ganze Aufenthalt in Paris – sechsunddreißig Stunden im ganzen – erwies sich überhaupt als eine Fehlplanung. Natürlich war es unsinnig, diesen Aufenthalt an den Schluß einer großen Reise zu setzen, wobei man zwar unter den günstigsten Umständen noch einigermaßen aufgeschlossen, aber ganz sicher nicht mehr sehr viel Geld flüssig hat. Ein Blick in die Reisekasse bestätigte uns, daß an allzu große Sprünge nicht mehr zu denken war. Nun soll man ja, nach glaubhaften Schilderungen aus dem Studentenleben, in Paris sehr billig existieren können, doch braucht man offensichtlich, um das „Wie“ herauszufinden, mehr als sechsunddreißig Stunden. Das trockene Schnitzel, vor dem Hintergrund von jeder Menge Spiegeln und verstaubtem Plüsch verzehrt, mußte jedenfalls unsere einzige warme Mahlzeit bleiben. Und der Louvre schloß gerade seine Pforten, als wir ihn betreten wollten. Wir sahen zwar die Venus von Milo und die Mona Lisa noch mindestens drei dutzendmal in jeder Größe und aus jedem Material, doch das waren nur die zum Verkauf bestimmten Reproduktionen in der Vorhalle, die einem allerdings einen guten Überblick über die wichtigsten Kunstwerke gab, die man hätte sehen und ausgiebig bewundern können, wenn man sich nur eine halbe Stunde früher eingefunden hätte. –

Vieles Schöne, was die echten Pariser an Ort und Stelle zu betrachten pflegen, haben wir also wegen der begrenzten Zeit gar nicht zu sehen bekommen. Dagegen gerieten wir auf einem Irrweg in eine Gegend irgendwo in der Nähe der stadteigenen Industrie, auf deren Besichtigung wir ganz gern verzichtet hätten, wäre uns das nur möglich gewesen. Aber eingekeilt in eine endlose, sich kriechend vorwärtsbewegende Autoschlange, war es uns vergönnt, jeden Zentimeter genau zu studieren. Das Ergebnis dieses Studiums unterschied sich einhellig von dem, was andere Leute in Paris erfahren: wir fanden die Pariserinnen in keiner Weise graziöser, eleganter, beschwingter und schöner als die Frauen anderswo. Aber vielleicht waren das nicht die Pariserinnen, von denen man immer liest.

Eine andere Behauptung fanden wir allerdings bestätigt: daß es einem so unendlich schwerfallen soll, Paris wieder zu verlassen. Jedenfalls fuhren wir mehrmals im Kreise durch alle Vororte, ohne die richtige Ausfahrt zu finden. Die Gegenden, durch die wir kamen, hatten auf keinen Fall mehr Charme als die Stadtränder von Gelsenkirchen und Wuppertal. Schließlich jedoch gelangten wir wie durch ein Wunder auf die richtige Straße, und als wir endgültig das Weichbild der schönen Seinestadt verließen, taten wir den heiligen Schwur, dereinst zurückzukehren, um Paris wirklich und ausführlich zu sehen und zu erleben.

Seitdem ist manches Jahr ins Land gezogen, ohne daß dieser schöne Vorsatz mit genügender Muße in die Tat umgesetzt wurde. Noch immer wartet das richtige Paris darauf, von uns entdeckt zu werden, und voller Neid hören wir uns die begeisterten Schilderungen der Leute an, die es längst entdeckt haben. Ach, wie häufig wurde uns etwas vorgeschwärmt von den romantischen Stadtvierteln am linken Seine-Ufer; wie oft mußten wir hören, daß die Luft von Paris wie Champagner sei und wirke. Es ist wirklich eine Schande, nichts davon bemerkt zu haben, genauso, wie es einen bedrückt, daß man nicht auch mit einem Geheimtip für erlesene Restaurants aufwarten kann. Wenn wir noch die Straße und den Namen des Restaurants wüßten, in dem uns das Normal-Schnitzel serviert wurde, könnten wir wenigstens mit einem Geheimtip aufwarten, wo man unter gar keinen Umständen essen sollte – aber leider haben wir auch das vergessen. So ist es ein wahrer Segen, daß man hin und wieder immer noch auf Leute trifft, die auch nie richtig in Paris waren. Diese Leute sind mir ungeheuer sympathisch, und ich unterhalte mich ausgesprochen gern mit ihnen. Ich kann sie beispielsweise auf die Öffnungszeiten des Louvre hinweisen, kann sie warnen vor Ausflügen in die Vorstädte, die einem nur zu leicht einen ganz falschen Eindruck der Seine-Metropole geben können – und erwecke so den Eindruck, als sei ich dort wochenlang zu Hause gewesen. Nur nach geheimen Feinschmeckerlokalen darf man mich nicht fragen. Aber vielleicht habe ich Glück und kann im nächsten Jahr auch darauf eine Antwort geben...

Bei Djakarta muß ich immer an Bleyle denken...

Als ich vor etlicher Zeit mit zwei schon betagten Schwestern durch die Provence reiste und das Ortsschild „Cavaillon“ zu sehen war, riefen die beiden wie aus einem Munde: „Hier wohnte doch Mello!“ Mello, eine kindliche Fassung von Mademoiselle, war die junge Französin, die gemeinsam mit der dritten Schwester der beiden, Erzieherin in einem schrecklich reichen Hause war und dies Haus aus patriotischen Gründen bei Ausbruch des Ersten (!) Weltkrieges unter Strömen von Abschiedstränen verlassen mußte. Natürlich wurde ausgestiegen, eine Ansichtskarte gekauft und der Schwester daheim geschrieben, und nur die Tatsache, daß keiner sich so recht auf Mellos Familiennamen besinnen konnte (den sie vielleicht auch nach 1914 gewechselt haben mag), verhinderte, daß wir auf dem Friedhof nach ihrem Grab oder zum mindesten nach dem Grab ihrer Eltern geforscht hätten, da nun einmal viele alten Damen ganz versessen auf Beerdigungen und Gräber sind. Immerhin ist dafür gesorgt, daß nicht nur ich, sondern auch meine Kinder bei Nennung des Ortes Cavaillon immer zuerst an Mello, die wir natürlich nie gesehen haben, denken werden.

So geht es einem bei vielen Orten auf dieser Welt: Aus Djakarta stammte ein Kind aus der Klasse meiner Schwester, was in unserer damaligen engen Welt eine Sensation war. Es sah aber enttäuschenderweise kein bißchen indonesisch aus, sondern trug eine Zahnspange und ein Bleylekleid. In Kassel lag der heißgeliebte Freund der besten Freundin monatelang im Lazarett, und sie durfte nicht hinfahren. In den Harz reisten die Nachbarn meiner Großmutter und brachten einen winzigen mit Bonbons gefüllten Rucksack mit der Aufschrift „Gruß vom Brokken“ mit, den ich für mein Leben gern besessen hätte. Und in Alexandria ist mein Patenonkel von einem Esel getreten worden. So kommt einem bei Djakarta das Bleylekleid, bei Kassel der Liebeskummer und bei Alexandria immer noch zunächst einmal der Esel in den Sinn. Und ob es auf dem Brocken wohl noch solche niedlichen Rucksäcke gibt?

Aus Duisburg stammte die Familie, die einmal die Strandburg neben der unseren bewohnte: Der Vater baute im Sandwall ein Regal für die Schuhe ein, die Mutter lehrte ihre Kinder lauter sinnige Verslein, und die Kinder kniffen unseren Hund. Kein Wunder, daß unsere Kinder Duisburg für eine blöde Stadt hielten. Aber auch auf andere Art können Abneigungen zustande kommen: Die Familie aus dem Englischbuch etwa, an der man den englischen Alltag und die englische Grammatik studieren sollte und die immer ganz begeistert den Haushalt schmiß, Wanderungen machte und Gutes tat, verbrachte ihre Ferien auf der Isle of Wight. Ganz sicher wird einem Winstons geistvoller Ausspruch „There swimming is wonderful, when the weather is warm!“ immer bei Nennung dieser Insel als erstes in den Kopf kommen. Aber nicht nur die Schulbücher hinterlassen bleibende Eindrücke: Sigismund Rüstig wäre am Tafelberg fast von einem Löwen gefressen worden, und Bremen war die Stadt, wo die Bremer Stadtmusikanten nie ankamen. Bei Atlanta denkt man natürlich an Scarlet O'Hara und ist wider alle Vernunft ein wenig enttäuscht, daß es hier aber auch gar nichts gibt, das an „Vom Winde verweht“ erinnert. Aber wenn man unversehens durch Lippe-Detmold kommt, ist man ganz überrascht, daß es die „wunderschöne Stadt, darinnen ein Soldat“ wirklich gibt.

Manche Städte pflegen ihr Bild, indem es bei ihnen etwa Teelöffelchen mit Bremer Stadtmusikanten gibt – es können auch Romeo und Julia in Porzellan oder Uta von Naumburg in mancherlei Material sein. Dies geht aber nur, wenn das, was einem bei einer Stadt sofort einfällt, eine Art Allgemeingut ist, und das ist es in den allerseltensten Fällen. Meist handelt es sich doch eher darum, daß dort die liebe Oma wohnt oder irgendwelche unangenehmen Leute dorther stammen oder sonst etwas ganz Persönliches. Und auch das Allgemeingut ist nicht immer allgemein. Wie sagte doch neulich einer meiner Neffen: „War das nicht die Stadt, wo der Papi so einen dollen Krach mit dem Polizisten an dem alten Dings gekriegt hat?“ Zum Entsetzen seiner kunstsinnigen Eltern meinte er Athen und die Akropolis.

Auf dem Bahnsteig

Jahre meines Lebens habe ich als „Fahrschülerin“ täglich zweimal zwei Bahnhöfe betreten: einen kleinen, wo der Stationsvorsteher, die Pfeife am Mund, das Signal in hocherhobener Hand, manchmal netterweise wartete, bis ich auf der parallel zum Bahnsteig laufenden Straße angekeucht kam, und einen großen, wo just der Zug Warschau–Paris mit mir zusammen ankam, nur daß ich anstatt nach Paris zur Straßenbahn Nr. 18 zu streben hatte. Wenn ich übrigens von der 18 mittags verspätet zurückkommend es sehr eilig hatte, so gab es einen Abkürzungsweg quer durch den Wartesaal erster Klasse zum Bahnsteig. Leider hatten die dort herrschenden Ober nicht das rechte Verständnis für die jeden dritten Mittag etwa durchrasende Schülergruppe, so daß es zuweilen zu heftigen Auseinandersetzungen führte – bis zur Einschaltung der Bahnpolizei. Trotz dieser frühen Erfahrungen – vor der die noch früheren der Kinderferienreisen liegen – ist ein Bahnhof für mich aber nie etwas Alltägliches geworden.

Als ich noch klein war, aber trotzdem schon mit meiner Schwester allein auf die Bahn gesetzt wurde, hatte beispielsweise der Bahnhof von Osnabrück für mich etwas richtig Unheimliches an sich. Das lag daran, daß unser Zug dort immer eine halbe Stunde zu halten pflegte, weswegen es uns streng verboten war, auf die Idee zu kommen, ihn zu verlassen. Dies brachte uns natürlich zwangsläufig auf diese Idee. Und ich erinnere mich an die qualvollen Minuten, die ich wartend auf der Zugtreppe verbrachte, während meine tollkühne Schwester an der Bahnhofswürstchenbude Salmiakpastillen kaufte. Wenn nun der Zug vor der vorschriftsmäßigen Abfahrtszeit abgefahren wäre, oder die Bahnhofsuhr wäre nachgegangen – meine Schwester wäre auf dem Osnabrücker Bahnsteig glatt verloren gewesen. So erging es mir übrigens viel später einmal auf einem italienischen Bahnhof: Der Zug fuhr mit Gepäck, Paß, Geld und Begleitung lange vor der Zeit ab, und ich stand allein mit einer Limonadenflasche und Sprachschwierigkeiten auf dem Bahnsteig. Gott sei Dank handelte es sich nur um irgendeine Rangiermaßnahme, und der Zug kam rückwärts fünf Minuten später gegenüber wieder an!

Da der freundlich wartende Stationsvorsteher meiner Schülerzeit eine Ausnahme war, tut man gut daran, pünktlich zu sein. Trotzdem kommt es immer wieder zu zeitlichen Schwierigkeiten. Kalkuliert man alle Möglichkeiten von Verkehrsstauungen in der Innenstadt, Taximangel, Straßenbahnverspätung und Fahrkartenschalterschlangen ein, kommt man erfahrungsgemäß ganz reibungslos in persönlicher Bestzeit viel zu früh auf dem dann meist zugig-kalten oder schwül-heißen Bahnsteig an. Beim intensiven Studium der Bahnhofsuhr kann man erforschen, wie lang eine Minute sein kann. Ist man aber knapp mit der Zeit, dann läuft alles schief. Immer stellt man sich beispielsweise an die falsche Fahrkartenschlange an. Man wählt zwar die kürzere, aber gerät immer hinter Leute, die in Orte fahren wollen, deren Bahnhof unter anderer Ortsbezeichnung erst gesucht werden muß, die auf irgendwelche schwer übersichtlichen Papiere hin Sonderfahrkarten kaufen oder die den Fahrkartenschalter als Auskunftsbüro für die nächste Reise gleich mitbenutzen. An der anderen, längeren Schlange wäre man längst an der Reihe gewesen! Und dann kann man durch ein Rennen mit Gepäck seine körperliche Fitneß unter Beweis stellen. In eiligen Fällen muß man garantiert Treppen hinauf oder hinunter oder gar beides, der Zug steht auf dem allerweitesten Bahnsteig ganz hinten, und man muß auch noch an der Lokomotive vorbeirennen, bis man endlich eine, meistens geschlossene, Abteiltür findet. Es ist erstaunlich, was man ohne nennenswertes Training alles schafft!

Durch freundliche Erinnerungen verwöhnt, kommt es vielen Leuten – mir auch – immer etwas trübsinnig vor, nach einer nennenswerten Reise auszusteigen, ohne daß man nach einem Ausschau halten muß, der einen abholt. Eingedenk dessen geht man also treu und brav zum Bahnhof und holt nicht nur alle die ab, die auf Grund von zarter Jugend, hohem Alter und zahlreichem Gepäck gewissermaßen obligatorisch sind, sondern auch andere nette Leute. Es ist eines der erwartungsfrohesten Gefühle, einen Zug in die Halle dampfen zu sehen, in dem ein lieber Mensch sitzen muß. Dies ist sogar das Warten auf verspätete Züge wert. Wie übrigens allgemein festgestellt wird, ist das Abholen vor allem bei älteren Herrschaften nicht immer ohne Komplikationen. Sie neigen dazu, Abfahrtszeiten und Daten zu verwechseln, ändern blitzartig ihre Planungen, legen sich bei einer Stadt mit mehreren Bahnhöfen nicht eindeutig fest und eilen, wenn sie des Abholers nicht gleich ansichtig werden, mit jugendlicher Geschwindigkeit irgendwohin, wo sie nur schwer oder gar nicht aufzuspüren sind. Man tut also gut, für alle Fälle Richtlinien festzulegen. Oft gehören diese Richtlinien zu den Familientraditionen. Man trifft sich an der Sperre, an der Treppe oder vor dem Bahnhofsausgang, und da es zuweilen von allem mehrere gibt, gilt in unserer Sippe seit nachweislich vier Generationen die Weisung, zunächst einmal dort stehenzubleiben, wo man ausgestiegen ist. Auch diverse Einheiraten haben hieran nichts ändern können.

Und manchmal funktionieren sie ja auch ...

Als kleines Mädchen pflegten meine Schwester und ich besonders Ausflüge zu schätzen, bei denen man am Zielort auf eine ganz bestimmte Art von Automaten traf: Hinter einer Glasscheibe sah man ein Huhn auf einem Nest sitzen. Warf man nun Geld in den dafür bestimmten Schlitz, erhob sich das Huhn, schlug mit den Flügeln und gackerte sehr laut und sehr naturgetreu. Und unten fiel aus dem Apparat in eine dort angebrachte Schale ein buntbemaltes Blechei, das im Verhältnis zum gackernden Huhn mächtig groß war. Es ließ sich öffnen – wobei allerdings manch mütterlicher Fingernagel abbrach – und war mit kleinen sauren Bonbons in verschiedenen Farben gefüllt. Ich erinnere mich, nie so köstliche Bonbons wie die von dem kleinen Huhn gegessen zu haben, und außerdem erinnere ich mich an kein einziges Mal, wo bei Geldeinwurf das Huhn nicht gegackert und gelegt hätte. Leider ist diese vollkommene Automatengattung inzwischen, ohne, daß man bemerkt hätte, wann, ausgestorben.

Aber es gibt – vor allem auf Bahnhöfen – eine Fülle von weniger perfekten Nachfolgern: beispielsweise die, die bei jedem Geldeinwurf eine Kaugummikugel von sich geben, wenn man aber Glück hat, außerdem einen beinahe echten Rubin- oder Brillantring, einen sehr schmückenden Donald-Duck-Anhänger und dazu noch ein winziges Plastikauto oder -pferd. Hinter Glas kann man diese Kostbarkeiten betrachten und schon mancher Groschen wurde in gläubiger Hoffnung an den Automaten verfüttert, ohne daß dieser das heißersehnte Stück ausgespuckt hätte.

Bei anderen Exemplaren wieder heißt es aufpassen, daß man auf den richtigen Knopf drückt, den richtigen Einwurfschlitz wählt oder die richtige Schublade zieht, damit man nicht für seine guten Groschen eine Rolle Pfefferminz herausbekommt (das man nicht ausstehen kann) oder, statt der gewünschten gebrannten Mandeln, ein paar fade Hustendrops. Außer den Automaten, die Genüsse hergeben, wozu vielleicht noch die mit den Kuchenstükken, belegten Broten, Getränken und Blumensträußen gehören, gibt es noch die eher amtlichen, die mit Fahrkarten, Briefmarken und Postkarten handeln. Bei den Briefmarken muß man immer längere Zeit drehen, so daß man eigentlich schon fast geneigt ist, die Sache aufzugeben. Manchmal bekommt man allerdings nach längerem Drehen auch nur sein eigenes Geld zurück. Immerhin kann man sich noch an den Hinweis halten, daß das nächste Postamt Reklamationen entgegennimmt. Hätte man von vornherein im Sinne gehabt, sich dorthin zu begeben, hätte man den Automaten gar nicht erst strapaziert!

Fahrkartenautomaten stellen an die Intelligenz und das geistige sowie geographische Niveau ihrer Benutzer oft höchste Ansprüche. Nur ein Tarifexperte, der es zudem nicht eilig hat, ist imstande, ohne Streß und mit der Fehlerquote Null das Richtige zu wählen. Sonst muß man erst Tabellen und Karten studieren, was für einen Ortsfremden nicht immer so einfach ist, wenn er nicht einmal weiß, in welcher Himmelsrichtung etwa die gewünschte S-Bahn-Station liegt. Wer außerdem viel in fremden Städten unterwegs ist, macht die verwirrende Erfahrung, daß es Automaten gibt, die nur genau passende Summen annehmen, und solche, die herausgeben; daß man bei einigen das Gewünschte einstellen, bei anderen aber einen Knopf drücken muß. Dies exakt herauszufinden – dazu noch unter Umständen in fremder Zunge bzw. Schrift – ist längst nicht jedem gegeben, vor allem, wenn der nahe gelegene Bahnhofskiosk es kategorisch ablehnt, immer wieder für drei einzelne Groschen zu sorgen.

Aber die richtig bitteren Erfahrungen macht der moderne Mensch mit den Automaten, die nicht funktionieren. Leider funktioniert der erste Teil, nämlich der Geldeinwurf, nahezu immer. Doch dann streikt zuweilen die Technik: Der Apparat ist nicht gewillt, irgend etwas gegen gutes Geld herauszugeben. Man versucht ihn zunächst einmal durch mehr oder weniger heftiges Hämmern auf seine Pflichten aufmerksam zu machen – fast immer ohne Erfolg. Optimisten versuchen noch eine Nachfütterung, was aber auch höchst selten zum Ziel führt. Im allgemeinen bleibt einem im besten Fall ohnmächtiger Grimm.

Ein bißchen Trost verleiht die Schadenfreude, wenn ein Mitmensch, den man netterweise gerade gewarnt hat, doch noch den Einsatz riskiert und prompt verliert.

Autobahn, Autobahn

Als ich zum erstenmal die Autobahn befuhr, hatte ich – am Ziel angekommen, das zum Glück nur etwa fünfunddreißig Kilometer entfernt war – außer einem Krampf in beiden Händen und starken Erschöpfungserscheinungen im rechten Fuß ein Gefühl, als wäre ich soeben einer äußerst gefährlichen Schlacht entronnen. Das lag daran, daß ich bisher, nach den damals geltenden Vorschriften, im Stadtverkehr nie schneller als vierzig hatte fahren dürfen und mich jetzt also mit nach meinen Begriffen geradezu atemberaubender Geschwindigkeit bewegt hatte, die mich fast manövrierunfähig machte: Mit etwa neunzig Stundenkilometern an einem besonders langsamen Lastwagen vorbeizufahren, schien geradezu tollkühn zu sein. Und der Gedanke, bei diesem Höllentempo die Fahrbahn wieder zu wechseln, hatte seine Schrecken, von denen die hinter mir blinkenden und hupenden anderen Fahrer gewiß nichts ahnten, sonst hätten sie mich sicher nicht so erbarmungslos gejagt. Seitdem habe ich Mitleid mit jenen Fahrern, die offensichtlich beim Überholen Anfangsschwierigkeiten haben, und hasse jene Fahrkünstler, die, gerade eben am hinteren Horizont auftauchend, drohend blinken oder verlangen, daß man selbst von einer linken Schlange in die rechte Lastwagenschlange einschert, damit sie selbst in der linken Schlange um einen Platz vorrücken. Und das nur, weil sie ein schnelleres Auto haben, das zwar an sich meins spielend überholen könnte, aber eben nur bei freier Fahrbahn. In solchem Fall werden in beiden Autos unfreundliche Worte gesprochen, die aber dem Gesprächspartner glücklicherweise nie zu Ohren kommen.

Wegen des Tempos, mit dem man sich auf der Autobahn fortbewegt, kommt man natürlich so gut wie nie mit anderen Fahrern ins Gespräch, aber man knüpft doch gewisse zwischenmenschliche Beziehungen an. Da gibt es die ständige Überholerei bei etwa gleich starken Autos, da gibt es die Kinder im Rückfenster, die einem die Zunge herausstrecken und einen Vogel zeigen, da ist die offensichtliche Enttäuschung der jungen Sportwagenfahrer, die den bei uns mitgeführten Neffen für eine goldlockige Maid gehalten haben müssen, was sich anläßlich des Überholens schon durch den gleichfalls goldlockigen Bart als schwerer Irrtum erweist, und da sind schließlich alle die freundlichen Menschen, die uns klarmachen wollen, daß unsere eine Vordertür nicht richtig geschlossen ist.

Auf längeren Strecken trifft man manche Leute ein paarmal; entweder weil sie tanken und wir auf den Parkplatz nebenan fahren, oder weil sie picknicken und wir ein Kind haben, das das Fahren nicht verträgt. Oft sieht man die gleichen Autos wieder, leicht erkenntlich an dem neckischen Spruch auf dem Kofferraum oder an den vier Kindern auf dem Rücksitz mit dem nur halb verhüllten Töpfchen auf der Heckfensterbank oder an der wunderschönen Brünetten im zyklamfarbenen Kopftuch oder an dem Vater im Tirolerhut, der von Frankfurt bis Stuttgart offensichtlich einen wütenden Monolog hält, den er mit entsprechenden Bewegungen der linken Hand unterstreicht. Manchmal hat man auch Gelegenheit zu autotechnischen Studien: Ganz offensichtlich ist der so gar nicht sportlich wirkende Krankenwagen am Berg hervorragend, denn da zieht er immer wieder unerwartet vorbei – nicht ohne deutliches, selbstbewußtes Grinsen von Fahrer und Beifahrer, die ganz offensichtlich auf diese Art und Weise einen motorisierten Flirt betreiben. Man möchte nur hoffen, daß sie leer fahren!

Autobahnen, die man häufiger fährt, sind erinnerungsträchtig: Hier ist die Stelle, wo man dereinst in einer Ferienschlange steckenblieb und von der Julisonne fast gebraten wurde; dort ließ in der Raststätte die Jüngste ihre Zahnklammer liegen, die man nie wiederbekam; hier mußte man in Regen und Schnee den Reifen wechseln und Wagenheber nebst Reserverad lagen natürlich zuunterst unter Bergen von Gepäck; und hinter jener Brücke wurde man am Neujahrsmorgen vom Wind erfaßt und trudelte die Böschung hinunter, wobei ganz offensichtlich der Schutzengel besser in Form war als der Fahrer. Außerdem gibt es natürlich noch die Stelle, wo man nie ganz sicher ist, ob man die richtige Abfahrt getroffen hat (nachdem man sie einmal verpaßte, was fast vierzig Kilometer mehr ausmachte), und die, wo man sich jedesmal neu entscheiden muß, ob man die nähere oder schnellere Möglichkeit wählen soll.

Hierzu muß gesagt werden, daß es wahre Autobahnfanatiker gibt, die keine Umwege scheuen, um wenigstens ein winziges Stück Autobahn fahren zu können. Sie fahren gewaltige Strecken auf derselben und lassen sich um keinen Preis der Welt davon abbringen, daß dies die schnellste Verbindung ist. Zuweilen werden sie – zumindest in fremden Gegenden – von ihren Beifahrerinnen, denen sie vertrauensvoll das Kartenlesen überlassen haben, hinters Licht geführt – wenn diese nämlich dem entgegengesetzten Autofahrertyp angehören, der das Autobahnfahren haßt und zum Teil abenteuerliche Abkürzungen vorzieht. Es soll schon Riesenärger gegeben haben, wenn nach achtzig Kilometern Landstraße der Autobahnfan selbst zur Karte gegriffen hat!

Mußt du denn so rasen?

Vor allem wenn man auf den Autobahnen fährt, sieht man zuweilen Leute, die auf den Brücken stehen und von dort aus den Zug der Vorüberfahrenden gewissermaßen von überlegener Warte aus betrachten. Der Strom zieht in beiden Richtungen beängstigend rasch vorbei, so daß sie die Wageninsassen kaum ausmachen können und nichts von ihnen gewahr werden – schon gar nichts von dem, was im Inneren der Autos gesprochen wird. Sie können sich aber so gewiß, als ob sie es deutlich hörten, darauf verlassen, daß in vielen Autos ein Dialog gesprochen wird, der folgendermaßen beginnt: „Mußt du denn so rasen?"

Auch die Antwort könnten sie fast schon richtig wiedergeben. Es gibt nach Erfahrung und Forschung nämlich gar nicht so viele Möglichkeiten. Zunächst einmal wohl die häufigste: „Wieso, ich rase ja gar nicht!" Wenn man nun meint, man könnte mit präzisen Hinweisen auf den Tacho beweisen, daß die Geschwindigkeit doch recht erheblich sei, so muß man sich darauf gefaßt machen zu hören, daß man wohl nicht recht gucken könnte, daß der Tacho – schräg von der Seite gesehen – verzerrte Angaben liefere, daß die alte Mühle so viel überhaupt nicht mehr hergäbe und daß man soeben von einem Auto mit viel weniger PS überholt worden sei, was wohl als sicherer Gegenbeweis zu gelten habe. Die zweite Möglichkeit einer Antwort geht mehr ins Persönliche, wobei noch als freundlichste Form der Vorwurf zu gelten hat, man selbst sei neulich noch schneller gefahren (allerdings, was nicht erwähnt wird, bei idealen Bedingungen). Es kann aber auch heißen, daß man, wie so oft, spinne, daß man schon beim Frühstück zu der Vermutung Anlaß gegeben hätte, man wäre schlecht gelaunt, und ob man denn gleich am Beginn der Reise Krach anfangen wolle. Möglicherweise werden auch ideale Reisegefährten (und -gefährtinnen!) aufgezählt, die dem Fahrer nicht hineinreden. Die dritte Antwortmöglichkeit besteht in der Aufforderung, doch umgehend selbst zu fahren, da man es ja um so vieles besser verstände, und die vierte Möglichkeit ist überhaupt keine Antwort, sondern ein stummes Einschnappen, das in besonderen Fällen noch durch Drosseln der Geschwindigkeit auf ein wahres Schneckentempo perfide unterstrichen werden kann. Theoretisch wäre es natürlich auch möglich, sich mit ein paar freundlichen und verständnisvollen Worten bereitzuerklären, langsamer zu fahren – aber dies soll außerordentlich selten vorkommen.

Nun muß allerdings gerechterweise gesagt werden, daß auch in allen anderen Fällen trotz Gegenrede zumeist mit dem Tempo heruntergegangen wird, denn so ist man schließlich auch wieder nicht! Wie sich aus der obigen Schilderung unschwer entnehmen läßt, handelt es sich bei den angegebenen Beispielen um Leute, die sich nahestehen. Aber auch andere Leute fahren einem hin und wieder zu schnell. Manchmal übersteht man es etwas bleich um die Nase und krampfhaft an den Haltegriff geklammert wortlos, weil man aus Gefälligkeit mitgenommen wurde, weil es eine Respektperson ist, die fährt, oder – als junger Mensch – weil man einem eindrucksvollen jungen Mann nicht zeigen will, daß man sich in seinem imponierenden Sportauto fast zu Tode fürchtet. Befindet man sich aber in unabhängiger Position dem Fahrer gegenüber, so kann man durchaus erleben, daß er voller Höflichkeit und sogar freundlich bereit ist, das Tempo zu mäßigen. (Daß er es ziemlich bald wieder langsam, aber sicher in die Höhe schraubt, steht auf einem anderen Blatt.) So hat es sich vielfach unter befreundeten Paaren eingebürgert, daß jeweils der Partner oder die Partnerin des anderen den Fahrer zu fragen hat: „Sag mal; mußt du eigentlich so rasen?“ Es ist – wie auch in anderen Lebenslagen – sehr erbaulich anzusehen, wie geduldig man doch sein kann zu Leuten, denen man nicht so nahesteht.

Übrigens wirken längst nicht alle Mitfahrer dämpfend. Da gibt es die kleinen Mädchen und Jungen, die den Fahrer anfeuern, doch den doofen Angeber“ wieder zu überholen, da ist die Tante, die vom Autofahren überhaupt keine Ahnung hat, aber trotz strömenden Regens und pfeifenden Sturms immer wieder darauf hinweist, wie sehr sich ihre alte Mutter ängstigt, wenn man nicht – wie fest versprochen – pünktlich um vier zum Kaffee in Stuttgart wäre ...

Aber um der Gerechtigkeit willen sollte bemerkt werden, daß sie wirklich schwer zu ertragen ist, die Frage: „Mußt du denn so rasen?“ Vor allem dann, wenn man gerade selbst am Steuer sitzt.

Das hab ich unterwegs gelernt!

Seit neuestem weiß ich etwas, was ganz sicher kaum jemand weiß: Vor dreihundertfünfzig Jahren wurde in Gütersloh der Gregorianische Kalender eingeführt. Papst Gregor, ein kluger Mann – so wurde ich in schönstem westfälischem Idiom belehrt –, rechnete und rechnete und rechnete, und dann hatte er's raus. Dies lernte ich auf der Autobahn nach Münster so ganz nebenbei, denn mein Autoradio lief (wie fast immer, wenn ich allein fahre) und spendete nicht nur musikalische Genüsse, sondern auch Erbauung und Belehrung. Am Tage davor wurde ich kurz vor Frankfurt mit der Forderung vertraut gemacht, daß es nunmehr wegen der unerhörten ausländischen Konkurrenz darum gehe, auf neuen Wegen zu einem Schwein von großer Wuchsfreudigkeit zu gelangen, wozu allerdings die „problemlose Sau" eine wesentliche Vorbedingung sei. Und sollten Sie sich einmal Gedanken über die Rückkehr zur Futterrübe machen – auch dazu könnte ich jetzt Wesentliches beitragen, obwohl mir bis zum betreffenden Landfunk noch nie die offensichtlich vorangegangene Abkehr von der Futterrübe aufgefallen war.

Wie Sie sehen, gehöre ich zu jener Hälfte der Autoradiohörer, die nicht ständig an den Knöpfen dreht, um immer noch bessere Musik zu bekommen, sondern geduldig und vollständig beim einmal klar hereinbekommenen Sender bleibt. Da weiß man, was man hat, während andere Leute unter Umständen zwar bessere Sachen, aber oft auch entnervende Fauch-, Pfeif- und Kratzgeräusche zu hören bekommen, die zuweilen zu echten Verbitterungen zwischen Fahrer und Beifahrer führen können. Auch wird meine Stetigkeit – wie oben gesagt – sichtlich belohnt, indem ich aus allen Bereichen menschlichen Daseins etwas dazulerne. Bedenken Sie allein den Schulfunk mit allen seinen Möglichkeiten! Neulich beispielsweise hörte ich Mozart mit Haydn, Frau Mozart und Schwiegermutter auf weanerisch miteinander plaudern. Das war bei der Entstehung von Kammermusik, die dann auch gleich fehlerlos vom Blatt gespielt wurde. Und als Archimedes das mit Recht so benannte Archimedische Prinzip erfand, war ich ebenfalls gerade als Hörer anwesend und habe zum erstenmal die Sache genau begriffen. Aber ganz wie in der Schule schweift man auch beim Schulfunk zuweilen mit den Gedanken ab, so daß einem wesentliche Hinweise für den nach der Schulentlassung zu ergreifenden Beruf unter Umständen entgehen oder die mineralogische Beschaffenheit des Kaukasus unbeachtet vorübergleitet.

Und dann gibt es natürlich die Musik. Fremdartig klingende Elektronenmusik mit den erklärenden Bemerkungen des ins Studio geeilten Komponisten, „Glühwürmchen, Glühwürmchen ...“ mit schönen Grüßen an die Omi von Peterle und seiner Mami, den Gersberger Alpenchor unter der Leitung seines Begründers – und jede Menge Schlager. Sie werden interpretiert von jungen und alten Stars, die sich außerdem noch gern mit dem jeweiligen Diskjockey unterhalten und oft nicht besser daherreden als sie singen, was den Autoradiohörer, der sowieso mißmutig an der vierten Ampel wartet, zu laut geäußerten Beleidigungen der Dame hinreißt, die etwa gerade „nächtlich mit den Flamingos dahinfliegen“ will (ein ungewöhnliches Verhalten dieser Tiere). Ist übrigens der Autofahrer besonders guter Laune, so hat er Gelegenheit, bei kunstvoll gesungenem, aber wohlbekanntem Liedgut mit einzustimmen, wobei er besonders die „Tirallala“- oder „Heidiheidoheida“-Refrains bevorzugt, weil da keine Textschwierigkeiten auftreten können. Bei großen, bekannten Opernarien hat man auch endlich einmal Gelegenheit, sein diesbezügliches Talent mit voller Orchesterbegleitung unter Beweis zu stellen. Hat man sich gerade selbst bemitleidet, daß man bei zauberhaftem Wetter nur in der Stadt herumkurvt, um ganz bestimmte Schrauben für die Gartenpforte zu suchen, so kann einen der Straßenzustandsbericht insofern trösten, als eine sieben Kilometer lange Stauung auf der gen Süden führenden Autobahn wenigstens um eine Wagenlänge kürzer ist, weil man nicht selbst drin steckt. Sehr nachdenklich stimmen einen dann die Meldungen, daß Lotte und Karl-Heinz Schubert, die mit dem blauen Opel-Kadett KH – EF 205 wahrscheinlich in Richtung Jugoslawien unterwegs sind, unbedingt bei Walther Esser anrufen sollen. Es ist richtig quälend, daß man in diesem, wie auch in allen anderen Fällen, nie erfährt, warum.

Übrigens: Als ich neulich in ein so schönes Hörspiel geriet, daß ich es vor der Post zu Ende hören wollte, klopfte ein besorgter Polizist an meine Autotür und fragte, ob mir etwas fehle.

„Die Maschine nach Rom hat 20 Minuten Verspätung“

Ein Flug von Bonn nach London dauert beispielsweise etwa nur eine Stunde, und das ist furchtbar wenig, wenn man bedenkt, wie weit entfernt schließlich London dahinten irgendwo auf einer Insel liegt. Damit der Mensch nun aber nicht ganz und gar übermütig wird, hat die Vorsehung dafür gesorgt, daß die Wege zu und von den jeweiligen Flughäfen langwierigen Expeditionen gleichen, daß der Flugpassagier mindestens eine halbe Stunde vor Abgang des Verkehrsmittels auf der Wartebank sitzen muß und daß das Wetter wie bei den alten Wikingern immer noch die Reise im letzten Moment ganz und gar unmöglich machen kann. Da alle Flugplätze dieser Welt offenbar nach einem Wettbewerb „Wie kann der Flugpassagier besonders ungemütlich warten?“ gebaut und eingerichtet worden sind, hatten es die alten Wikinger, wenn sie auf gutes Reisewetter warten mußten, sicher hübscher – auch wenn sie keine Entschädigung in Gestalt eines Gutscheins für eine Tasse Kaffee oder etwas ähnlich Üppiges bekamen. Seltsam übrigens, wie gewissenhaft die Fluggäste, die doch zumeist nicht zu den Ärmsten der Armen zählen und ja auch eine meist recht stolze Summe für die Passage auf den Tisch geblättert haben, diese Gutscheine einlösen!

Wenn man wegen schlechten Wetters warten muß, erscheint einem die Angelegenheit zwar lästig, aber doch nicht beängstigend. Warten wegen Motordefekts hat man wesentlich weniger gern, da man – als Autofahrer leidgeprüft – weiß, wie oft ein Defekt erst bei der zweiten Reparatur oder gar bei der dritten endgültig beseitigt wird. Und was geschieht, wenn mitten in der Luft ...? Denn trotz aller Statistik, aller vernünftigen Vorstellungen und aller guten Erfahrungen haben sehr viele Leute ganz schlicht gesprochen Angst beim Fliegen und genießen die Fortbewegung im Flugzeug erst dann so ganz richtig, wenn die Maschine am Bestimmungshafen angelangt auf dem Boden ausrollt. Zwischendurch gibt es zwar auch Momente, in denen man seine unsichere Postition mitten in der Luft vergißt – aber jede kleine Veränderung wirkt äußerst irritierend: Man hat es nicht gern, wenn plötzlich der Motor auf andere als die bisherige Weise brummt; wenn mitten in der freien Luft ohne ersichtlichen Grund eine Kurve geflogen wird; wenn die Stewardeß sich in beschleunigtem Schritt zur Pilotenkanzel begibt; wenn durch eine unvorhergesehene Schaukelei der Kaffee in der Tasse schwappt; wenn man freundlich gebeten wird, sich vorsichtshalber anzuschnallen, oder wenn durch das Mikrofon eine stark verzerrte Durchsage kommt, die man auch dann kaum verstehen würde, wenn sie nicht in einer fremden Sprache stattfände. Außerdem weiß man natürlich aus einschlägigen Filmen und Romanen sehr wohl, daß die Passagiere immer gebeten werden, sich zu beruhigen; daß man erst einmal sagt, die Landebahnen seien belegt, wenn in Wirklichkeit das Fahrgestell klemmt, und daß eine echte Stewardeß gewissermaßen aus Berufsethos in den übelsten Situationen tapfer lächelt. Es ist also eher beängstigend als tröstlich – so bildet man sich ein –, wenn diese jungen Damen fröhlich dreinschauen, obwohl das Flugzeug soeben auf die merkwürdigste Art gezittert hat. Besonders bange Passagiere, die man unschwer an ihrer aufrechten Haltung erkennt, behalten gewissermaßen während des ganzen Fluges das Flugzeug unter Kontrolle, so daß es ihnen – so verrückt sie es selbst finden – als wagemutig erscheint, zwischendurch einmal ihren Posten zu verlassen und einen gewissen Ort aufzusuchen.

Aus irgendeinem Grund wird angenommen, daß der Fluggast, vor allem, wenn er sich ins Ausland begibt, nicht lange ohne Essen auskommen kann, weswegen die Damen mit dem Traumberuf zumeist nach einer relativ kurzen Zeit mit Tabletts geeilt kommen, auf denen alles, was man nur verpacken kann, auch verpackt ist: Salz, Milch, Zucker, Löffel, Messer, Gabeln, Saft, Marmelade, Butter, Käse, Schokolade... alles muß der Passagier auspacken, was sicher als eine Art Beschäftigungstherapie gegen das Bangesein eingeplant ist. Was übrigens den Traumberuf betrifft, so kommen einem doch innerhalb eines Fluges Zweifel, ob dieses Hinundherrennen wirklich so traumhaft schön ist. Auch das gastliche Umsorgen ist sicher nicht bei allen Fluggästen ein reines Vergnügen, so daß man verstehen kann, wieso manchmal Stewardessen ihre Fürsorge hauptsächlich Kindern und alleinreisenden Herren widmen.

Wenn das Radio einsetzt und beim Ausrollen fröhliche Weisen spielt, hat einen die Erde sicher wieder. Man angelt, halbgebückt und vom Nebenmann unterstützt, nach seinem Mantel, betrachtet die Notausgang- und Schwimmwestenhinweise jetzt ganz ungerührt und findet, daß das Fliegen doch wirklich eine ganz fabelhafte Sache ist. Merkwürdig, daß man jetzt nach so kurzer Zeit wirklich in London oder Berlin oder Rom oder gar New York gelandet ist! Man verabschiedet sich von der Dame an der Tür nahezu begeistert und dankbar. Wie nett, noch nie hat einen ein D-Zug-Schaffner an der Wagentür verabschiedet! Leider muß allerdings gesagt werden, daß diese Begeisterung etwas nachläßt, wenn man dann auf sein Gepäck wartet, das offensichtlich gar nicht so fürsorglich behandelt wird, wie es der schöne neue Geburtstagskoffer verdient hätte, und wenn man dann mit dem Koffer in der Hand realisiert, daß man sich noch weit vor den Toren der Stadt befindet. Nun ja, wo wäre man denn jetzt wohl erst mit der Eisenbahn? Oder gar als alter Wikinger?

Mich rief es an Bord

Immer schon hat man sich gewünscht, einmal im Leben eine Reise auf einem großen Schiff zu machen, und eines Tages – man faßt es kaum – liegt man wirklich an Deck auf einem Deckstuhl, den einem ein echter Steward diensteifrig gebracht hat, während ein anderer echter Steward einem fürsorglich eine Tasse Bouillon heranträgt. Die Sonne scheint. Die Musik spielt „Wilja, das Waldmägdelein" und verkündet, daß die Chose nicht ganz ohne Weiber geht, während das Meer, das wirklich so blau ist, wie es alle Seemannslieder behaupten, einen sanft schaukelt. Ein paar Tage lang hat es eher unsanft geschaukelt, und der optimistische Glaube mancher Binnenländer, auf einem so großen Schiff spüre man den Seegang bestimmt kaum, ging in die Binsen, seitdem man die Ehre hatte, vom Kapitän zum Cocktail gebeten zu werden.

Der Kapitän, so hat man inzwischen auch gelernt, ist ein ganz großer Mann und bewohnt ein wunderbares Appartement im obersten Stock ganz vorne mit herrlicher Aussicht. Dieses Appartement bewegte sich nun in kräftiger Dünung mitsamt dem Kapitän und den Cocktails zehn Meter hinauf und dann zehn Meter wieder hinunter, wie ein etwas unregelmäßig funktionierender Fahrstuhl, während einmal der Himmel und dann wieder das Meer verschwand und man unter dem entsetzlichen Eindruck stand, daß zum mindesten die Cocktails im Magen Mühe hatten, so schnell mitzukommen. Immerhin ergibt das Schaukeln ein völkerverbindendes Gespräch über die Seekrankheit: welche Tabletten man nehmen sollte, wer sich schon gelegt hat, ob viel Essen oder wenig Essen zu empfehlen ist, welcher Alkohol als Medizin zu verwenden ist, und welchen Spaß es macht, auf einer Tanzfläche zu tanzen, auf der man sich abwechselnd bergauf und bergab bewegt.

Wenn man sich vielleicht zu Hause in aller Unkenntnis überlegt hat, was um Himmels willen man denn bloß den ganzen Tag auf See tun soll, so bemerkt man bald, daß man ungeheuer beschäftigt ist, und eigentlich erst spät in der Nacht oder gar gegen Morgen ein anstrengendes Tagewerk beenden kann. Man muß lange, unglaublich opulente Mahlzeiten einnehmen, man muß seinen Tischtennis- und Shufflebord-Verpflichtungen nachkommen, man muß auf allen vier Decks nach dem Sonnenplatz des Tages suchen, und das Bordkino kann man ja auch nicht dauernd verpassen. Außerdem will man natürlich in die Sauna und zum Schwimmen, und dann gibt es noch die Möglichkeit, sich dauernd umzuziehen: wärmer oder kälter, kurze oder lange Hosen, nasse Badeanzüge aus und trockene an, und zum Abendessen macht man sich dann richtig fein. Außerdem kostet jeder Weg durchs Schiff unendlich viel Zeit, weil man ununterbrochen Leute trifft, die einem dringend mitteilen müssen, daß ein neues Tief von Westen heranzieht, daß die „Gräfin Maritza" an diesem Morgen mit schwarzen Pailletten geschmückt und einer diesmal kupfernen Perücke in der Sonne liegt, und daß die hübsche, kleine, wohlerzogene Tochter des Fabrikanten aus Remscheid endlich Anschluß gefunden hat.

Trotz aller Beschäftigungen hat man nämlich endlich einmal Zeit, sich gründlich mit seinen Mitmenschen zu befassen, und die Frage, ob der routinierte Kaffeegroßhändler aus Hamburg gewissenlos handelt, wenn er der jungen Dame aus Itzehoe derartig den Kopf verdreht, wird genauso eifrig erörtert wie die, ob die seekranke Juweliersgattin wohl ahnt, was der Ihrige treibt, während sie in der Kabine leidet. Bei diesem Studium hat man wieder einmal Gelegenheit, festzustellen, daß es Leute gibt, die man nie für möglich gehalten hat, genau solche wie die im Film, wenn man denkt: „So sollte ein guter Regisseur nie übertreiben!" Wundervoll einig sind sich nahezu alle Damen, als die „Gräfin Maritza" ihren größten Auftritt in lila Perücke hat. Und die Herren erfreut der Gedanke an die Seekrankheit des wirklich umwerfend gut und männlich aussehenden Zahnarztes aus Nürnberg.

Es ist ein herrliches Gefühl, von lauter reizenden Stewards betreut zu werden, die sich geradezu darum reißen, einem Gutes anzutun, und ehrlich betrübt sind, wenn man etwa keine Wolldecke geholt haben will und keinen Kaviar essen möchte. „Wenn Sie schlechte Laune haben wollen, dann müssen Sie als Passagier mitfahren!" so hörte man den Obersteward einen seiner Untergebenen scharf zurechtweisen. Der einzige auf dem Schiff, der streng mit uns ist, das ist der Bordfriseur, denn auf Grund seiner einzigartigen Stellung sind wir in seine geschickte Hand gegeben. Vormittags im Schwimmbad oder auch nur im Seewind, der uns wie auf den bekannten Plakaten malerisch durch die Haare fährt, und abends in großer Gala auf der Tanzfläche – das ist nicht lange ohne die Hilfe des Friseurs und seiner zahlreichen jungen Damen zu bewerkstelligen. Und so sind wir ganz demütig und geduldig, wenn wir wegen einer geringen Verspätung vom Meister getadelt werden.

Das Schiff fährt und fährt und gibt Anlaß zu Betrachtungen tiefsinniger Art über die Unendlichkeit des Meeres, über fliegende Fische, die schauerlichsten Schiffsuntergänge des letzten Jahrhunderts, den Sternenhimmel und über das Problem, ob es denn dem Motor nicht schadet, wenn er ununterbrochen sechzehn Tage lang läuft. Der Oberingenieur meint, der Motor hätte nichts dagegen, noch viel, viel länger immer weiterzufahren. Und wir eigentlich auch nicht.

Schöne Grüße aus Klein-Wiesenau ...

Ansichtspostkartenfeinde und -verächter behaupten immer, der in der Ferne weilende Mensch schriebe nur deswegen Ansichtspostkarten, weil er den Daheimgebliebenen unbedingt klarmachen wolle, daß er ein weitgereister Mensch sei, also aus schlichter Angabe. Dies ist sicher längst nicht in allen Fällen zutreffend. Ein viel wesentlicherer Grund ist beispielsweise der, daß man Leuten Ansichtspostkarten schickt, weil sie einem auch immer welche schicken. Es gibt da sogar alte Freunde, mit denen man über Jahre hinaus eine reine Ansichtspostkartenbeziehung unterhält, so daß man außer den Urlaubsorten und der Tatsache, daß Sigrid einen tollen Sonnenbrand und Peter mal wieder Krach mit dem Oberkellner hat und daß sie irgendwo weilen, wo wir unbedingt auch mal hinmüßten, bis zum nächsten Wiederschreiben rein gar nichts weiß. Andere Ansichtskarten sind Pflichtübungen: „Hast du der Oma schon geschrieben?" ist eine oft gestellte Urlaubsfrage, die zumeist mit einem schlichten „Du vielleicht?" zunächst abgeblockt werden kann. Nebenbei bemerkt sind bekanntlich die Omas und die Tanten diejenigen, die die Karten dann auch am sorgfältigsten betrachten, so richtig unter Hinzuziehung der Lesebrille und mit Entzifferung auch der undeutlichsten Schriftzeichen. Man muß natürlich auch der fleißigen Raumpflegerin schreiben, den Nachbarn, die nach dem Rechten sehen, und den daheim gebliebenen Arbeitskollegen, und manche Eltern halten es für höflich und nützlich, wenn ihre Sprößlinge dem jeweiligen Lehrkörper einen freundlichen Urlaubsgruß aus dem schönen Allgäu schicken (natürlich auf vorgezogenen und wieder ausradierten Bleistiftlinien).

Die Auswahl der Ansichtskarten geht nach verschiedenen Gesichtspunkten vor sich. Da gibt es zunächst einmal die, die einen überwältigenden Eindruck von der betreffenden Landschaft verleihen, selbst wenn die Landschaft in Wirklichkeit etwas weniger überwältigend sein sollte. Es gibt da wahre Künstler unter den Fotografen, die mit Hilfe einer Palme oder Agave im Vordergrund, einer einsamen Säule, drei Fachwerkhäusern und einem Springbrunnen so schöne Ansichten herstellen, daß die Empfänger der Postkarten einen tieferen Eindruck erhalten als die Leute am Platz. (Was übrigens zuweilen auch beabsichtigt ist.)

Manchmal will man auch Karten versenden, auf denen etwas Bestimmtes zu sehen ist: das eigene Hotel, der Berg, den man „gemacht“ hat, die Gastwirtschaft am Meer, wo es die billigen Langusten gibt, oder den toten Landesfürsten im Dom, der auf seinem steinernen Sarg genauso guckt wie Onkel Walther. Oft hat man auch Leute, mit denen man mit Hochgenuß nur besonders scheußliche Ansichtskarten wechselt: Es gilt also nicht nur den nackten Loreleyfelsen zu erstehen, sondern einen zu finden mit vollbusiger Jungfrau, die singend ihr wohlonduliertes Haar pflegt, aus dem Süden Spaniens muß eine feurige Andalusierin mit richtigem echten Seidenrock kommen.

Langweilige Karten kann man durch eigene Beiträge interessanter und persönlicher gestalten. Allein schon der Pfeil mit dem Hinweis auf ein nur undeutlich auszumachendes Fenster „Hier wohnen wir“ belebt die Ansicht des idyllischen Klein-Wiesenau. Erst recht erhöht Klaus im blauen Mittelmeer, der – wie einer selbstgekritzelten Sprechblase zu entnehmen ist – gerade „Warum ist es am Rhein so schön ...“ singt, ungeachtet der Tatsache, daß ein als „Der weiße Hai“ bezeichnetes Etwas auf ihn losschwimmt und Ruth am Ufer die Hände ringt, den Reiz der schlichten Ansicht. Und wenn gar eine ganze Reisegesellschaft beim Besteigen der großen Pyramide dargestellt wird („Helga hat Seitenstechen, Günther trinkt auf halber Höhe ein Bierchen, Peter wie immer obenauf ...“), ist dies für den Beschauer – aber mehr noch für den Gestalter – ein besonderer Spaß. „Unbekannterweise“ und offensichtlich fröhlich gestimmt unterschreiben auch häufig Leute, die der Empfänger nie erblickt hat und auch nie erblicken wird.

Bekanntlich gehen Ansichtspostkarten manchmal verloren, und dann glaubt einem das niemand. Dies trifft einen besonders hart, wenn man am allerletzten Tag wirklich noch geschrieben hat. Es geht nichts über den Triumph, wenn so eine Karte – etwa aus Italien, wo sie einen Streik abgewartet hat – nach Wochen oder gar Monaten noch ankommt!

Glückliche Reise – gruppenweise!

Im Fühling hebt bekanntlich die beste Zeit an, auf Reisen zu gehen. Und wenn man eine Reise von Ort zu Ort, von Sehenswürdigkeit zu Sehenswürdigkeit oder gar von Land zu Land macht, hat es ganz gewiß seine Vorteile, in Gruppen zu reisen, weil dann ein kundiges Unternehmen einem die Sorge um den Fahr- und Flugplan, das Gepäck, die Visa, die Hotels, die Auswahl des zu Schauenden und das Suchen von passenden Mahlzeiten abnimmt. Es nimmt einem aber auch die Auswahl der Reisegesellschaft ab. Und so steht man dann eines Tages oder Abends an Bus, Bahnhof oder Flughafen und läßt sich davon überraschen, mit wem man nun wohl die nächsten Tage oder Wochen stets und ständig zusammen sein wird. Ganz sicher kann man in jedem Falle sein, daß man mit erheblich mehr Damen als Herren auf Reisen geht. Damen sind ganz offensichtlich gruppenreiselustiger, und die wenigen Herren, die wir antreffen, sind zumeist von ihnen mitgenommen. Manchmal werden sie von den eigenen Damen im Verlauf der Reise scharf bewacht, und es ist rührend zu beobachten, wie das Auge der Liebe den eigenen Mann so anziehend und verführerisch sieht, daß offensichtlich jede Dame darauf aus sein muß, ihn vom Pfade der Tugend abzubringen. Die eifersüchtige Gattin, die ständig ein wachsames Auge auf den Umgang ihres Mannes richtet, ist in nahezu jeder Reisegruppe anzutreffen. Genauso aber ist immer auch jene mehr oder weniger junge und hübsche Dame zu finden, deren Natur so beschaffen ist, daß sie grundsätzlich mit jedem Mann aufs heftigste flirtet, und die von den mitreisenden anderen Damen fast ausnahmslos verabscheut wird, was wiederum die Herren nicht imstande sind zu begreifen.

Auch andere Leute trifft man ganz bestimmt in jeder Gruppe an: die, die ständig von einer früheren Reise schwärmen, wo alles billiger und besser war; die, die nur von dem einen Thema beherrscht sind, wie ihr empfindliches Innenleben wohl das ungewohnte Essen und Klima aufnimmt, und die ihre Nachbarn mit endlosen Kommentaren über Blutdruck, Kreislauf und Verdauung unterhalten; und schließlich die, die als erfahrene Reisende ihren Schicksalsgenossen weit überlegen sind. Sie führen Pulverkaffee mit sich, wissen, was „Butter" auf spanisch heißt, beraten oft und gern über billige Einkaufschancen und kennen „die" Italiener, „die" Jugoslawen oder „die" Marokkaner aus dem Effeff. Keiner kann ihnen etwas vormachen, und sie sind ganz glücklich, wenn sich das billige Korallenarmband – wie vorhergesagt – als unecht erweist. Es gibt auch die ganz Gebildeten, die immer bestätigend mit dem Kopf nicken, wenn der Führer durch Schloß oder Kirche etwas erzählt, oder gar mit Zwischenfragen („War das nicht der Sohn von Eleanore von Poitou?") ihr fundiertes Wissen unter Beweis stellen. Und natürlich findet sich auch immer ein Witzbold männlichen oder weiblichen Geschlechts, der durch das beifällige Lachen der übrigen Reisegruppe zu höchster Form aufläuft, aber unter Umständen auch in finsteren Augenblicken – das Flugzeug hat endlose Verspätung, das reservierte Hotel ist bereits voll, der Bus hat bei 35 Grad Hitze Reifenpanne – das erlösende Wort spricht. Und einer will ganz gewiß auch immer singend die Frage stellen, warum es am Rhein so schön ist, oder schildern, wie wir vor Madagaskar lagen.

Die Interessenlage der Reisegruppe ist natürlich auch sehr unterschiedlich, und allmählich lernt man sich so weit kennen, daß man einander auf das Begehrte hinweist, was unter Umständen schon ein klein wenig gestichelt sein kann. Der eine hat's mit dem Nachtleben, der andere will

„die Bevölkerung – vor allem die weibliche – studieren". Wieder ein anderer ist angesichts aller Schönheiten dieser Welt hauptsächlich mit der Suche nach Örtlichkeiten, wo es „kühle Bierchen" gibt, beschäftigt, und für manche ist die Frage, wo es Postkarten und Briefmarken zu kaufen gibt und wie die Karten am schnellsten befördert werden können, der Punkt, um den sich alles dreht. Dann gibt es auch immer die, die nimmermüde jede Sehenswürdigkeit auch minderer Ordnung wahrnehmen, weder Kälte, noch Hitze, noch weite Wege oder steile Berge scheuen, um aber auch restlos alles mitgenommen zu haben, was in einem mitgeschleppten klugen Buch Erwähnung findet. Sie hadern mit dem Schicksal, wenn der Hüter der historischen Höhle just um die Zeit des Eintreffens der Reisegruppe Mittagspause macht, obwohl er dazu erst in einer halben Stunde (laut Führer) berechtigt ist. Andere hingegen haben es weniger mit Kunst, Natur und Historie zu tun als vielmehr mit der „Marktforschung". Pausenlos streben sie allen Buden, Ständen und Läden zu, wo es vom Strohhut bis zur Muschelkette, vom Seidentuch bis zur Krokodiltasche, vom Messingteller bis zum Kamelsattel ganz andere Dinge als zu Hause zu kaufen gibt. Der Bus hupt, die Reisegefährten werden ungeduldig – aber der Marktforscher probiert seelenruhig das sechste Paar Sandalen aus.

Doch wie dem auch sei – nach einigen Wochen gemeinsamer Freuden und gemeinsamen Ärgers steht man eines Tages auf irgendeinem Bahnsteig, in irgendeiner Flugzeughalle oder an irgendeiner Bushaltestelle und schüttelt zum Abschied ein Dutzend Hände. „Bis zum nächstenmal!" Und leichtsinnig fügt man hinzu: „Besuchen Sie uns doch mal!" Wenige Stunden später aber weiß man bereits, daß diese Bemerkung voreilig war, und wünscht sich nur noch sehnlichst: Hoffentlich, hoffentlich vergessen sie unsere Adresse!

Kann man denn nicht einmal ausschlafen?

Wenn man so an seinen Urlaub in all den Wochen und Monaten denkt, wo er noch zuerst in weiter Ferne liegt und dann immer näher und näher rückt, bis er plötzlich viel zu schnell da ist (um Himmels willen, die grünen Hosen sollten ja noch in die Reinigung!), dann rankt man sich unter anderen erfreulichen Vorstellungen auch an der hoch, daß man endlich, endlich einmal so richtig von Herzen ausschlafen kann.

Und da nimmt man es auch gern in Kauf, daß am allerersten Urlaubstag ganz unmenschlich früh aufgestanden werden muß, damit man sich in die Schlange derjenigen Menschen einreihen kann, die alle vor dem ersten Hahnenkrähen aus dem Bett getaumelt sind, um nicht in einer Schlange nach Norden oder Süden fahren zu müssen. Übrigens ist es im Sinne der Urlaubsharmonie gut, rechtzeitig zu klären, was unter einem „frühen Start" zu verstehen ist – es gibt da nämlich alle Möglichkeiten zwischen vier und acht Uhr morgens, ja, echte Fanatiker starten sogar nachts um zwei, was durchaus nicht jedermanns Sache ist. Sofern man für die Reise mehr als nur einen Tag benötigt, wird man ganz sicher auch am zweiten Urlaubsmorgen erbarmungslos wieder zu nachtschlafender Zeit aus den Federn gejagt. Aber irgendwann kommt man an – wenn auch vielleicht nur für ein paar Tage, ehe es weiter und weiter geht –, und dann, dann wird der ganze Schlaf nachgeholt.

Manchmal geht auch alles gut, so daß man meist ziemlich schnell vergißt, wie versessen man aufs Ausschlafen war, aber manchmal kommt es doch ganz anders. Da ist beispielsweise das idyllische Gebimmel der historischen Kirche oder der nachbarliche Hahn, der, statt (wie es sich schickt) zwei- oder dreimal zu krähen, den ganzen Morgen mit diesem Geschäft zubringt. Auch trifft man häufig auf ein nicht näher zu ortendes Radio, das einen offensichtlich rechtzeitig über die italienischen, jugoslawischen oder französischen Wasserstände informieren will. Auch das Frühstück wird nur bis halb zehn serviert. Nun wäre man an sich zwar um Viertel nach neun völlig ausgeschlafen, aber der Gedanke, daß man um diese Zeit gezwungen ist, aufzustehen, erfüllt einen mit geradezu lähmender Müdigkeit um diesen Zeitpunkt herum.

Doch das sind alles Ausschlafhindernisse, die von außen herangetragen und deshalb seelisch verkraftet werden können, sofern es sich nicht gerade um die lärmende Tätigkeit einer Kreissäge, einer Straßenbauramme oder einer Rangierlok handelt (auch das hat es schon gegeben!). Problematisch aber wird die Angelegenheit, wenn die Schwierigkeiten im inneren, zwischenmenschlichen Bereich liegen. Ich meine da etwa den geliebten Menschen, der frohgestimmt verlangt, man möge doch gemeinsam den Sonnenaufgang bewundern, und das nicht nur einmal, sondern wiederholt. Oder man wird gar hinausgejagt, um schon vor dem Frühstück ein erfrischendes Bad im Meer zu nehmen. Unglückselige junge Menschen, die in der Zeit der ersten Liebe Begeisterung für solche Unternehmungen geheuchelt haben, können später hart dafür bestraft werden, indem sie für den Rest ihres Lebens nun in jedem Urlaub mit leerem Magen ins kalte Wasser steigen müssen oder indem es ihnen als nachlassende Liebe ausgelegt wird, wenn sie sich endlich zur Wahrheit bekennen.

Manchmal hat der andere Mensch auch den Vorsatz, einen schlafen zu lassen, selbst wenn er persönlich nicht mehr schlafen kann. Das sieht so aus, daß er sich zunächst stöhnend im Bett herumwälzt, unter Umständen hustet und seine Nase putzt, dann leise zur Tür schleicht, mit der Zeitung zurück ins Bett kommt, um dort das Neueste vom Tage – oder Vortage – zu studieren. Jeder weiß, daß eine Zeitung genausoviel Lärm machen kann wie ein Maschinengewehr. Deshalb steht der ganz besonders rücksichtsvolle Mensch auch auf und zieht sich noch leiser an, wobei man es ihm natürlich nicht verbieten kann, dringende Fragen, immer mit der Einleitung „Ich will dich nicht stören, Liebling", zu stellen. „Haben wir irgendwo andere Zahnpasta? ...", „Glaubst du, das Hemd geht noch mal? ..." und so weiter. Oft verschönt auch gedämpfter, aber unüberhörbarer Gesang die morgendliche Toilette. Und das alles zu einem Zeitpunkt, wo man daheim den gleichen Menschen zuweilen höchst mühsam wecken mußte!

Aber das Leben kann es einem ja nie ganz recht machen. Ein anderes Mal liegt man ganz allein in einem wundervoll ruhigen Urlaubshotelzimmer, kein Radio tönt, keine Glocke klingt, das Frühstück wird bis zum Abendessen serviert, und kein Hahn kräht nach einem. Man könnte ausschlafen bis zum übernächsten Morgen und noch länger. Aber es dauert gar nicht lange, bis man sich nach dem Zeitungsgeraschel und dem Morgengesang zu sehnen beginnt. Selbst an diesem schönen Morgen schon vor dem Frühstück zu baden wäre eigentlich doch ganz nett – oder wenigstens nur halb so schlimm.

Gemütliche Pension in Strandnähe...

Eine der interessantesten Lektüren ist das Studium der dicken Urlaubsprospekte, die zweimal im Jahre neu erscheinen und ganz und gar kostenlos ausgeliefert werden. Zuerst erfaßt einen regelmäßig tiefer Schmerz, daß man nur eine einzige Reise aussuchen kann – entscheidet man sich für Spanien, so muß man automatisch sowohl auf „die Geheimnisse Nordafrikas" als auch auf die „Sechs Tage auf den Spuren des Odysseus" und auf den Hobbyurlaub in Nordirland verzichten; und wer weiß, ob man im nächsten Jahr endlich zu der großen Bildungsreise durch Norditalien kommt, die man schon seit Jahren immer zugunsten von faulen Sonnen-, Strand- und Wasserurlauben verschiebt. (In diesem Jahre wird sie zu besonders günstigen Bedingungen angeboten!) Natürlich darf man die Wahl des Reisezieles nicht davon abhängig machen, daß auf dem dazugehörigen Foto besonders nette, muntere Leute herumhüpfen, ein herrlicher Riesenhibiskusblütenzweig vor dem Panorama blüht oder ein farbenprächtiger Sonnenuntergang den Strand ganz besonders malerisch erscheinen läßt. Auch die Behauptung „Bademöglichkeit von März bis Dezember" sollte nicht ausschlaggebend sein, es sei denn, man verlangt nur eine Versicherung, daß das Wasser das ganze Jahr vorhanden und nicht zugefroren ist.

Hat man den Ort, so fehlt nur noch das Hotel. Oft sind sie allesamt in Briefmarkengröße abkonterfeit. Aber selbst in dieser Größe wirken sie alle sehr überzeugend. Es gibt eigentlich nur zwei Typen: strahlend weiß und ein bißchen altmodisch mit malerischem Busch- und Baumwerk oder strahlend weiß und supermodern mit ganzen Fronten von einladenden Sonnenterrassen. Es bleibt dem Beschauer dieser Bilder völlig unerfindlich, warum das „Terminus" halb so teuer wie das „Alhambra" ist und warum das „Bellevue", das keine Sonnenterrasse besitzt, genausoviel kostet wie beide zusammen. Hier die Entscheidung zu treffen ist ein richtiges Glücksspiel, bei dem man sich von einem gesunden Mißtrauen leiten lassen sollte.

Aber dann hat man gebucht und weiß zuweilen schon Monate vorher, daß man am 5. Juli um 18.30 nach XYZ aufbrechen wird, um daselbst im Hotel „Miramar" – modernes, komfortables Haus, in Strandnähe gelegen – vierzehn Tage zu verbringen. Selbst wenn man nie vorher von XYZ gehört hat, entwickelt man sich in den Wochen vor der Abreise zu einem Experten dieses Ortes. Zunächst einmal findet man ihn automatisch auf jeder Landkarte, dann weiß man über Klima und Umgebung Bescheid, welche größere Stadt in der Nähe liegt und welche Sehenswürdigkeiten rundherum vorhanden sind. Dann trifft man lauter Leute, die schon einmal da waren und einem abwechselnd berichten, was für eine Entdeckung, beziehungsweise was für eine Pleite XYZ für sie war; ganz abgesehen von jenen, die einem nach dem Motto „Wenn Sie schon dahin fahren wollen, dann können Sie doch auch gleich nach ABC fahren …" ganz andere, viel bessere und billigere Orte vorschlagen.

Und eines Tages kommt man an! Natürlich ist alles da, was die verlockenden Fotos zeigten – wenn auch vielleicht statt der fröhlichen Twens ganz unschicke Normalbürger dort herumsitzen –, aber alles sieht auf die merkwürdigste Art anders aus. Man bekommt einen Heidenrespekt vor jenem Fotografen, dem es gelang, irgendeine Ecke zu finden, von der aus der winzige Hotelbadeplatz etwa jene riesige, einsame Weite bekam, die uns bestach. Und die malerischen Zweige, die dem Hotel so etwas lauschig Verstecktes gaben, können nur zu dem Oleanderbäumchen gehören, das einsam und staubig an der Straße steht. Auch der Speisesaal hat zwar die gleichen Stühle und Tische, die Fenster sind da – aber wo ist die helle, luftige Atmosphäre geblieben? Ganz davon zu schweigen, daß das strahlende Weiß der Fassade in der rauhen Wirklichkeit eher schäbig aussieht. Unter Umständen gibt es auch in dem ganzen malerischen Fischerdörfchen nur einen einzigen Punkt, von dem das Dörfchen so aussieht wie auf dem Prospekt und infolgedessen auch in unserer Phantasie. Damit wir angesichts der Vieretagenhäuser, der Eisenbahn nebst Brücke, des Gasometers und der Marmeladenfabrik diesen zauberhaften Blick nie vergessen, finden wir ihn auf Postkarten in allen einschlägigen Geschäften.

Aber nicht nur Kenntnis von der Kunst des Fotografen hätte der Urlaubsbucher haben müssen, auch Sprachkenntnisse hätten nicht schaden können, Sprachkenntnisse der speziellen Urlaubsprospektsprache, in der „Strandnähe" etwa im Gegensatz zu „direkt am Badestrand gelegen" nur noch bedeutet, daß der Strand immerhin – wenn auch unter Anstrengungen – zu erreichen ist. „Pittoresk" will sagen, daß wahrscheinlich der Wasserhahn spuckt, und „zentral gelegen", daß man inmitten hupender Autos und bimmelnder Straßenbahnen zu schlafen hat, hingegen sollte einem „ruhig und außerhalb" andeuten, daß man unter Umständen ohne Auto verloren ist.

Aber wenn auch alles ganz, ganz anders ist als in dem Urlaubstraum, den man sich so sorgfältig erträumt und vor Monaten angezahlt hat, irgendwie ist es dann doch wieder schön. Es wäre ja gelacht, wenn man sich durch den pittoresken Wasserhahn den Urlaub verderben ließe! Und das Meer ist noch viel blauer als im Prospekt, in dem auch nichts von den herrlichen Langusten stand, die man sich für einen Spottpreis servieren lassen kann.

Weihnachten – fern von daheim

Wenn man an einem Platz vorbeikommt, wo Weihnachtsbäume verkauft werden, stellt man plötzlich mit einer gewissen Erleichterung fest, daß man in diesem Jahr diesem schwierigen und verantwortungsvollen Handel nicht nachgehen muß, daß man der Gefahr, einen im Zimmer kläglich wirkenden Baum zu erstehen oder einen, der sich schon draußen auf dem Balkon von einem gewissen Prozentsatz seiner Nadeln trennt, diesmal gar nicht ins Auge zu sehen hat. Man hat sich nämlich endgültig entschlossen, in diesem Jahr über Weihnachten wegzureisen! Merkwürdigerweise – man kann schließlich jahrzehntelange Gewohnheiten nicht abstreifen – entdeckt man aber beim unwillkürlichen Prüfen des Angebotenen gerade in diesem Jahr die herrlichsten Tannenbaumexemplare.

Ähnlich geht es einem mit der Weihnachtsbäckerei: Ganz sicher ist es ein Segen, daß man sich einmal ganz frei von der Pflicht zu dieser Plackerei fühlen kann – aber ist es nicht wie verhext, daß man ausgerechnet in diesem Jahr auf die schönsten Rezepte stößt, die man liebendgern ausprobieren möchte? Außerdem berührt die ganze Familie der Gedanke schmerzlich, daß man zwar am fremden Ort sicher auch wunderschönes Weihnachtsgebäck bekommen wird, aber ganz gewiß keinen rohen Teig, der nach weitverbreiteter Auffassung noch um ein Vielfaches köstlicher schmeckt als die fertigen Plätzchen und einen wesentlichen Bestandteil der Weihnachtstradition darstellt.

Aber was heißt hier Kuchenteig und Weihnachtsbaum,

traditioneller Verwandtenbesuch und eine ganze, heile (nicht in Portionen geteilte) Weihnachtsgans – man ist entschlossen zu fahren, in den Schnee und in den Sonnenschein! Obwohl das unter anderem auch der Bequemlichkeit halber geschieht, ist es zunächst natürlich mit gewissen Planungsanstrengungen verbunden. Glücklich zu preisen ist wie immer der, der nur für sich selbst planen muß und die wichtigen Fragen, ob man wohl für abends etwas „Besseres" mitnehmen muß und ob der Heilige Abend und Silvester „in lang" gefeiert werden, nur für eine Person, zudem noch für eine, mit der es keine Auseinandersetzungen gibt, zu klären hat. Und wie, um alle Welt, soll man es mit den Geschenken halten? Ein Brillantring läßt sich zwar ohne Schwierigkeiten unter fremden Christbäumen überreichen, aber Roller und Baukasten, Heimwerker und Puppenstube, Schreibtischlampe und Felldecke machen doch gewisse Schwierigkeiten. Es gibt natürlich die Möglichkeit einer Vorbescherung, aber Heiligabend ohne Geschenke? Das wird im allgemeinen abgelehnt. Man hat auch schon die neue Skiausrüstung als Weihnachtsgeschenk gerechnet, aber eine Überraschung, die sichtbar hoch auf dem Autodach oder im Gepäcknetz mitgefahren ist, ist keine mehr. Also gilt es Höchstleistungen im Planen, Verpacken und Verstauen zu erbringen. Und wenn man auch im vollbeladenen Auto Dinge mit sich zu führen gezwungen ist, die man ganz gewiß am Urlaubsort nicht brauchen wird – dafür ist eben Weihnachten, und Weihnachtszeit ist nun einmal keine Zeit, wo man sich von der reinen Vernunft oder ausschließlich von der Zweckmäßigkeit leiten läßt.

Aber irgendwie wird doch alles geregelt, und wenn dann noch die Reise gut überstanden ist, erlebt man die allerschönsten Augenblicke: am Tage vor Weihnachten und am Morgen des Heiligen Abends, wenn alles herumhastet zu letzten Einkäufen und letzten Vorbereitungen, hat man rein gar nichts zu tun, als sich zu erholen. Vom Frühstück, das einem bereitet wurde, kommend, schaut man ein wenig zu, wie in der Hotelhalle der Baum geputzt wird, und stellt beim Aufbruch zum Spaziergang fest, daß in der Küche fieberhafte Geschäftigkeit herrscht. Draußen schleppen die Leute, die hier daheim sind, sich mit der Schlußverproviantierung ab, man selbst braucht nur ein wenig Sonnenöl zu erstehen. Das ist ein ganz neues Weihnachtserlebnis!

Aber dann ist doch alles ein wenig merkwürdig, wenn man mit ganz fremden Leuten zum Heiligen Abend, der genaugenommen nur aus einem sehr guten Essen bei Christbaumbeleuchtung besteht, zusammensitzt. Vielleicht singt man sogar gemeinsam, weil das gesamte Hotelpersonal hereinkommt und „Stille Nacht" anstimmt, und wenn man hinaustritt ins Freie, dann liegt (wie auf den Weihnachtspostkarten) Schnee auf dem Kirchendach, und die Sterne scheinen. Und alle sind nett zueinander. Selbst die Leute, die sich immer über die Kinder aufgeregt haben, erkundigen sich jetzt ganz menschlich nach dem neuen Feuerwehrauto. Aber trotzdem: Wenn man dann sehr fröhlich auf dem Zimmer ausgepackt und alles bewundert hat, fragt plötzlich einer nachdenklich: „Was jetzt wohl die Oma macht?" Und ein anderer spricht dann vielleicht aus, was alle in diesem Augenblick empfinden: „Aber nächstes Mal fahren wir erst am zweiten Weihnachtstag!"

Was lesen Sie im Urlaub?

Zu den Punkten eines gepflegten Urlaubsprogramms gehört bei vielen Menschen außer Sporttreiben, Spazierengehen, Wandern und Besichtigungen auch der, daß sie unbedingt dieses oder jenes gute Buch lesen wollen. Meist haben sie bei diesem Vorsatz schon ein ganz bestimmtes Werk im Auge, das nämlich, das sie bereits des öfteren in die Hand nahmen, anlasen und dann nicht recht vom Flecke kommend wieder aus der Hand legten, da nicht immer die guten Bücher auch die spannungsreichsten sind. Die wertvolle Lektüre wurde so nach einigen vergeblichen Anläufen auf Zeiten größerer Ruhe und Muße verschoben – also auf den Urlaub. Wallenstein etwa und der Butt waren Werke, denen in den letzten Jahren viele Urlaubsreisen versprochen wurden, ganz zu schweigen von den Klassikern.

Zweifellos gibt es viele Menschen, die nicht nur erholt, sondern auch um erlesene Bildung bereichert aus dem Urlaub heimkehren, aber ebenso zweifellos türmen sich große Hindernisse zwischen der guten Lektüre einerseits und dem Urlaub andererseits auf. Das beginnt schon beim Packen: vor die schwierige Frage gestellt, ob man die „Wahlverwandtschaften“ oder die neue, süße, rote Handtasche noch in den Koffer quetschen soll, fällt die Entscheidung zuweilen gegen die „Wahlverwandtschaften“. Auch sollen die „guten“ Bücher auf der Reise möglichst keinen Schaden erleiden. Was tut man also, um sie vor allzu intensiver Sonnenbestrahlung, vor Ölflecken und knisterndem Sand zwischen den Seiten zu bewahren? Man läßt sie daheim, im Hotel oder im Zelt, da kein noch so gebildeter eingeölter Mensch imstande ist, Bücher angemessen zu behandeln. Abends ist man dann zwar wieder entölt, aber doch häufig nicht mehr frisch genug, um sich in höhere Sphären zu schwingen. Leute, die sich über sich selbst keine Illusionen machen, versorgen sich deshalb rechtzeitig mit einigen schönen Schmökern, die sie dann sorgfältig einteilen, so daß der Vorrat bis zum letzten Tag reicht. Allerdings können unvorhergesehene Umstände, wie drei Regentage oder ein mehrstündiges Warten an der Fähre, die Rationierung heillos durcheinanderbringen. Von diesen Schmökern verlangt man nicht allzuviel, nur spannend müssen sie sein. Amerikanische Südstaatenfamilien mit unendlich vielen Kindern, Kegeln und Sklaven geben sehr viel her, und jene französische Barockdame, die in mehreren dickleibigen Bänden in immer wieder neue Fährnisse und Arme getrieben wurde und dabei noch ständig an Anmut und Schönheit gewann, war vielen eine unterhaltsame Urlaubsgenossin und dürfte gewiß, mit manchem Sonnenölfleck behaftet, in den eigenen Bücherschrank oder in eine benachbarte Leihbücherei heimgekehrt sein.

Der nicht vorsorgliche Mensch kann zuweilen im Urlaub in höchste Lesenot geraten. Das kann so weit gehen, daß er sich schließlich in den Eifelkalender aus dem Jahre 1937 vertieft, die Fachblätter des Fremdenverkehrsgewerbes durchstudiert und in einer spanischen Illustrierten von vor drei Wochen blättert, wobei er dann von echter Freude erfüllt ist, wenn er in ihr unversehens Maximilian Schell, Marlon Brando, Prinzessin Margaret oder sonstige gute Bekannte trifft. Alte Zeitschriften bekommen im Urlaub überhaupt Wert. Der ursprüngliche Käufer hat sie großzügig für die Allgemeinheit in der Hotelhalle liegengelassen, und da überleben sie dann Wochen und Monate, werden immer unansehnlicher und lösen sich schließlich in ihre einzelnen Blätter auf. Den Teil des Romanes aber, in dem die arme Angela so gar keinen positiven Erfolg hatte, als sie ihrem geliebten Abteilungsleiter ihr „süßes Geheimnis“ mitteilte (der geübte Illustriertenromanleser entlarvte ihn gleich als Schuft, da seine Zigarette im Mundwinkel klebte), haben vorher unzählige Urlauber gelesen, die weder erfahren werden, wieso sich Angela überhaupt mit dem Schurken eingelassen hatte, noch wie der Autor sie zum Schluß zu einem wohlverdienten Glück steuern wird. Zuweilen hinterlassen Urlauber am Urlaubsort aber auch ganze Bücher, Kriminalromane vor allem, die nicht mehr in den durch Mitbringsel geschwellten Koffer gingen. So fanden wir einmal im fernen Ausland in abgeschiedenster Gegend einen Kriminalroman in deutscher Sprache, der den vielversprechenden, seither oft zitierten Anfang hatte: „Lauras Flitterwochen waren einsam. Sie starb allein.“ Infolge strömenden Regens war der Kampf um Lauras Flitterwochen unter den Teilnehmern dieser Reise heftig, obwohl – zu unserer Schande sei's gesagt – wesentlich wertvollere, ungelesene Lektüre im Reisegepäck mitgeführt wurde.

Einmal jedoch fand ich in einem Hotel an der Nordsee eine besonders ausgefallene Lektüre: einen Ratgeber nämlich zur Erziehung junger Mädchen und Frauen, der sicher hundert Jahre alt war. Darin fand ich folgenden bemerkenswerten Satz: „Ein junges Mädchen trenne lieber den Saum eines Schnupftuches auf und säume ihn neu, als daß es untätig dasitze!“ So etwas liest sich im Urlaub besonders hübsch. Vor allem weil man nicht im Traum daran zu denken braucht, diesen Ratschlag zu befolgen.

Urlaubs-Nachklänge

Es ist etwas Herrliches um die Heimkehr von einem großen Urlaubsspaziergang. Abgesehen davon, daß man nunmehr das Recht hat, alle viere faul von sich zu strecken, genießt man die Befriedigung einer Leistung, das Gefühl, wunderbar durchgelüftet zu sein, und die Gewißheit, etwas für seinen Kreislauf getan zu haben, der, wie man aus einschlägigen Artikeln weiß, eine höchst anfällige Einrichtung ist. In einem solchen Augenblick nimmt man sich felsenfest vor: Wenn dieser Urlaub zu Ende gegangen sein wird, so soll doch die löbliche Gewohnheit großer Spaziergänge weiter bestehen. Man wird sie den Herbst, den Winter und das kommende Frühjahr über fleißig ausüben. Und es wäre ja wirklich gelacht, wenn man die für die Gesundheit so wichtige Zeit und Energie dazu nicht aufbrächte! Im Geiste läßt man die heimatlichen Wälder, Felder und anderen Auslaufmöglichkeiten Revue passieren und sieht sich dort schon umherschweifen – möglichst vor Tau und Tag, weil da die Stunden sind, die bestimmt bisher nie ausgenutzt wurden. Neulich traf ich übrigens Leute, die noch vom vorjährigen Urlaub her wirlich leidenschaftliche Fußgänger geblieben sind. Ich habe sie sehr bewundert. Sonst wird nur in den allerersten Wochen überall noch die löbliche Urlaubsgewohnheit gepflegt.

Ähnlich verläuft zumeist der gute Vorsatz, regelmäßig zum Schwimmen zu gehen, allmählich im Sande, obwohl einem doch gerade dieser Sport so gutgetan hat. Es ist so verlockend, sich vorzustellen, wie man in Zukunft bei jedem Wetter gleich bei der Öffnung der Badeanstalten dorthin eilen will, um mit wenigen ähnlich vorbildlichen Menschen das ganze Becken für sich zu haben – aber es ist so schwierig, an kühlen Herbstmorgen (mit der Aussicht auf die Erfrischung im noch kühleren Naß) das warme Bett vorzeitig freiwillig zu verlassen, vor allem, wenn einem das Geschick einen in dieser Beziehung eher demoralisierenden als anfeuernden Partner zur Seite gestellt hat.

Andere Urlaubsgewohnheiten behalten sich wesentlich leichter bei, das Genießen von Birnenschnaps etwa oder von Slibowitz, den man an Stelle des bisher bevorzugten Whisky oder Cognac nunmehr im Getränkeschrank hält und so lange vorrätig hat, bis ein anderes Getränk seine Stelle einnehmen wird. Immer wenn man ihn trinkt, genießt man nicht nur das herrliche Aroma, sondern auch einen Sack voll hübscher Ferienerinnerungen. Manchmal bringt man aus dem Urlaub auch nur die Neuheit mit, dem gewohnten Getränk ein wenig Angostura oder eine Zitronenscheibe zuzufügen, woran sich nun auch alle zu Besuch weilenden Freunde gewöhnen müssen. Die Hausfrau, die zugegebenermaßen vor dem Urlaub etwas einfallslos gekocht hat – erstens wollte sie ein bißchen nebenher sparen, zweitens war es manchmal so heiß, daß eh keiner rechten Appetit hatte, und drittens war sie eben urlaubsreif –, kommt mit besten Absichten heim. Vielleicht gibt es jetzt ab sofort zum Frühstück täglich frischen Obstsaft oder Müsli oder Eier mit Schinken. Und eigentlich macht es ja wirklich kaum Arbeit und Unkosten, wenn man zum Mittagessen irgendeine schicke, kleine Vorspeise zaubert, wie man es im Hotel hatte. Wie hübsch ist auch zum Abendessen etwas kleines Überbackenes, und ein bißchen mehr Mühe könnte man sich ja auch mit dem zierlichen Anrichten geben! Aber wenn dann die Familie anfängt, den frischen Saft zu vergessen, nach der ersten Begeisterung schon wegen der morgendlichen Eile die gebratenen Eier überdrüssig anzusehen und das Müsli „für später“ stehenzulassen, fällt man in den alten Trott zurück, und – komisch – schicke, kleine Vorspeisen fallen einem auch nicht mehr so recht ein. Das einzige, was längeren Bestand hat, ist etwa die neuerlernte Benutzung von Safran, Auberginen und Knoblauch und die Zubereitung irgendeines fremden neuen Gerichtes (natürlich auch mit Safran, Auberginen, Knoblauch, Paprika oder viel Curry), das so lange gekocht wird, bis zum mindesten alle unsere Freunde es einmal probiert und gelobt haben. Unter Umständen übernehmen sie es auch von uns, so daß die Auswirkungen unseres Urlaubes unabsehbar werden. Wie nett, unserer balkanesischen Suppe mit dreierlei Fleisch und sechserlei Gemüsen bei Leuten zu begegnen, die sich dadurch als die Freunde der Freunde unserer Freunde identifizieren lassen.

Unter Schwierigkeiten aufgetriebene Schallplatten mit einer irgendwo in der Welt gehörten und geschätzten Melodie aus dem letzten Urlaub tönen noch monatelang durchs Haus. Markante Aussprüche eines Mitgastes, eines Kellners oder eines Deutsch radebrechenden Schutzmannes werden dem Familienzitatenschatz einverleibt, und die erstaunte Gemüsefrau daheim begrüßt man mit „Grüezi!" oder gar in einem ganz fremden Idiom. Und wenn man dann im nächsten Jahr wieder einmal für den Urlaub packt und die große Badetasche vom Boden holt, dann findet man die Quittungskarte der Leihgebühr für einen Sonnenschirm. Das ist dann wirklich der allerletzte Urlaubsnachklang.

Und hier stand das Bett der Marie-Antoinette …

Vor zweierlei Reisegenossen kann gar nicht dringend genug gewarnt werden: vor denen, die sich jede, aber auch jede Sehenswürdigkeit ansehen müssen (einschließlich der historischen Stelle, wo noch im vorigen Jahrhundert das historische Haus gestanden hat, in dem das historische Ereignis stattgefunden haben soll) – und vor denen, die sich grundsätzlich überhaupt nichts ansehen wollen. Die einen sind sehr ermüdend und sehr langweilig, und die andern sind entweder schreckliche Banausen oder schreckliche Snobs, was beides auch auf die Dauer wenig amüsant ist. Man tut also gut, hier einmal nach dem sonst so verpönten Durchschnitt Ausschau zu halten, der in Rom das Forum besichtigt, in London den Tower, in Paris den Louvre und in Heidelberg das Schloß. Das ist alles nicht so furchtbar originell, aber spätestens am Ende der Besichtigung wird man verstehen, warum diese Plätze Millionen von Menschen angezogen haben und immer noch anziehen. Natürlich kommt man sich als empfindsamer Mensch ein wenig ordinär vor, wenn man bei strahlendem Sonnenschein nur einer von Tausenden ist, die sich, von Bussen und Autos unermüdlich herangekarrt, in Schloß und Park von Versailles ergießen; aber es läßt sich nicht leugnen, daß der Eindruck von Versailles schließlich und letzten Endes denn doch ein stärkerer ist, als der des verwunschenen kleinen Landschlößchens, das keiner kennt außer dem Kenner, der einem diesen Tip gab. Derartige Reisetips sind stets mit Vorsicht zu genießen.

Es gibt Besichtigungen ganz verschiedener Art: bei

manchen stapft man auf verlassenen Trümmern herum und braucht noch nicht einmal Eintritt zu zahlen; bei manchen zahlt man zwar Eintritt und wird als möglicher Dieb streng bewacht, darf aber seine Schritte beliebig lenken; manchmal gesellt sich der Besitzer und Erbe der Sehenswürdigkeiten persönlich zu einem, wobei es durchaus passieren kann, daß die Klagen über die steigenden Kosten so dringend werden, daß man überlegen muß, von wieviel an aufwärts man wohl etwas in eine der bereitstehenden antiken Schalen legen darf; und manchmal gehört man zu einer Gruppe mit Führer und erlebt das Schloß von Fontainebleau, das Straßburger Münster oder die Pyramiden als Mitglied einer pflichtbewußten, mehr und mehr ermüdenden Herde.

Individuelle Besichtigungen können sehr verschieden ausfallen. Es gibt Leute, die Tage und Wochen in den Uffizien von Florenz zubringen. Wir „machten" die Uffizien in genau zweiundzwanzig Minuten, was aber nur die eigene Schuld dieses ehrwürdigen Museums war, das darauf bestand, seine Pforten zu schließen. Wir taten wirklich, was wir konnten, indem wir im Laufschritt durch die Flure jagten. Alle Museen der Welt haben unendliche Kilometer glatter Böden und pflegen ihre sehenswürdigsten Sehenswürdigkeiten wohl aus pädagogischen Gründen weit auseinanderzuhängen. Die Führer, die man in Museen für teures Geld mieten kann, sind häufig mehr darauf gedrillt, den kürzesten Weg von der Mona Lisa zur Venus von Milo zu weisen als subtile Kunsterklärungen abzugeben. Trotzdem können sie zuweilen sehr streng mit ihren Schäflein umgehen, und ehe man nicht ihren Ausführungen (oft in zwei Sprachen) andachtsvoll gelauscht hat, wird man nicht weitergeführt.

Schlösser, die man besichtigt, befinden sich immer gerade im Umbau. Seit Jahrzehnten wird beständig der ehrwürdige Originalzustand wiederhergestellt, weswegen man gerade das Bett Marie-Antoinettes oder den Schreibtisch des Prinzen Eugen nicht sehen kann. Dafür werden aber im übernächsten Jahr wieder die Originaltapeten Marie-Antoinettes an den Wänden sein, die die Kaiserin Eugenie frevelhafterweise nach hundert Jahren erneuern ließ. So der Führer, der mit der Schilderung solcher und ähnlicher Details seine Herde durch prunkvolle Gemächer treibt. Man hört, wieviel Millionen alles gekostet hat und wie die Mätressen hießen. Offenbar setzt man ein brennendes Interesse für Mätressen voraus, deren Treiben scheinbar zu den wichtigsten historischen Begebenheiten der Schlösser gehört. Auch heute waltet zumeist an diesen ehrfurchtgebietenden Plätzen strenge Etikette: das wäre ja noch schöner, wenn jeder durch die Räume laufen könnte, wie es ihm paßt! Schön der Reihe nach von Raum zu Raum unter der Leitung eines Herrn mit Konzession, und die Besichtigung der Deckengemälde, die die Erdteile symbolisieren und den Herzog als Jupiter darstellen, darf nur abgekürzt werden, wenn mindestens zwei weitere Gruppen aus der Galerie, wo die Mätresse als „Demut" in Marmor von unten herauf gen Himmel blickt, nachdrängen.

Am schönsten ist es, Trümmer zu besichtigen. Was dort gestohlen werden kann, ist längst gestohlen, so daß man mutterseelenallein umhergehen und inmitten blühender Gräser auf historischen Steinen sitzen kann. Man bewundert nach Anleitung des klugen Buches getreulich die wenigen Säulenstümpfe, die noch den Adel und die Harmonie der Anlage des Tempels erahnen lassen, und fühlt den Geist der Antike. Übrigens kann es sehr leicht passieren, daß man später darauf kommt, die falschen Säulenstümpfe bewundert zu haben. Die richtigen waren mehr links. Und weil Trümmer so schrecklich durstig machen, kommt man manchmal nicht mehr überall hin. Aber auch mit Führer kommt man nicht überall hin, wie alle die wissen, die schon an etwas vorüberfahren mußten, was sie seit Jahren zu sehen erträumten, weil auf Grund unvorhergesehener Ereignisse sonst der Bus nicht rechtzeitig zum vorbestellten Mittagessen gekommen wäre. Und das wäre einfach nicht auszudenken!

„Das müßt ihr uns aber unbedingt zeigen!“

Vor Jahren kamen wir einmal in einer berühmten italienischen Stadt an, in der eines der allerberühmtesten Gemälde der Welt in einem berühmten, allerdings schwer zu findenden Kloster zu bewundern ist. Da wir unsere Freunde, mit denen wir in dieser Stadt verabredet waren, nicht zu früh überfallen wollten, suchten, fanden und besichtigten wir erst einmal das große Kunstwerk, mit dem überraschenden Erfolg, daß unsere Gastgeber nahezu zu Tränen gerührt und dankbar waren, weil sie nicht schon wieder einmal dort hinaus pilgern mußten, um Besuchern das Bild zu zeigen.

Vielen Leuten, die in einer Stadt mit nennenswerten Sehenswürdigkeiten wohnen, geht es ähnlich: Man erwartet von ihnen, daß sie Gäste immer wieder gern dorthin führen. Und dabei ist etwa Beethovens Geburtshaus (in Bonn) zwar eine erinnerungsträchtige und weihevolle Stätte – aber etwa ab der fünften Besichtigung kann man ihr sicher nichts erhaben Neues mehr abgewinnen. Genauso geht es einem mit manchen Gräbern, mit historischen Stätten, mit Parlamentsgebäuden und römischen Wasserleitungen und was der Sehenswürdigkeiten noch mehr sind. Pariser Freunde zeigten sogar gewisse Ermüdungserscheinungen in bezug auf die Mona Lisa, und auch in Berlin gibt es Leute, deren Bedürfnis, die Nofretete staunend zu bewundern, für lange Zeit voll gestillt ist – statt dessen können sie einem fabelhaft den Weg dorthin beschreiben, was ja im Grunde genommen auch voll und ganz genügt.

Was die Wege, Öffnungszeiten, Preise und den Zustand

der Sehenswürdigkeiten betrifft, kann man aber auch als Eingeborener natürlich ein wenig ins Schleudern geraten. Fremde nehmen es häufig recht genau und verfügen zudem manchmal über ein kluges Buch, in dem alles steht. Sie wollen unbedingt die Fassade des alten Bürgerhauses sehen, die der berühmte italienische Architekt im achtzehnten Jahrhundert geschaffen hat, und die man nach langem Suchen just über der Konditorei entdeckt, wo man immer den allerfeinsten Kuchen kauft. Sie verlangen nach der in Haus 3b eingemauerten Säule und wollen wissen, in welcher Kirche die Grabplatte (Inschrift sehr verwischt) des mittelalterlichen Weisen ist. Und den einzigen Baum einer bestimmten Spezies, der nördlich der Alpen bei uns wachsen soll, muß man auch erst einmal finden. Es kann einem dabei – wie zum Beispiel meiner Kusine – passieren, daß man, seiner Sache völlig sicher, den Besuch zu einem Palais führt, um verblüfft festzustellen, daß es bereits vor einigen Jahren wegen Baufälligkeit voreiligen Spitzhacken zum Opfer fiel. Da dies jene Kusine war, die seinerzeit wegen der von uns nicht aufgefundenen Grabplatte die Nase gerümpft hatte, erfüllte mich dieser an sich traurige Umstand nicht nur mit Bedauern – begreiflicherweise.

Die Sehenswürdigkeiten daheim kann man immer ansehen – und sieht sie deshalb manchmal nie an, wie jedermann weiß, der in aller Herren Ländern die Kirchtürme wacker besteigt, aber den Kirchturm daheim immer für später aufspart. So bin ich, obwohl ich viele Jahre dort gewohnt habe, erst vor ganz kurzer Zeit zum erstenmal auf den Kölner Dom geklettert, und das auch nur, weil ich es zwei Kindern (in der Annahme, es gäbe dort einen Fahrstuhl) versprochen hatte. Wie viele Hamburger waren noch nie auf dem Michel, wie viele Frankfurter noch nie im Goethehaus, und auch in München sind es natürlich die Fremden, die die Stadt vom Turm der Frauenkirche aus betrachten! Man nimmt sich die Erforschung der nächsten Heimat zwar immer vor, aber es hat ja so viel Zeit! Leute, die sich eigens ins Auto oder in den Zug setzen und viele Kilometer fahren, um eine bestimmte Ausstellung anzusehen, verpassen unter Umständen die gleiche Ausstellung, wenn sie im Museum der eigenen Stadt gezeigt wird, dem man ohnehin schon seit Jahren einen ausführlichen Besuch abstatten wollte. Man hat nämlich schon häufiger gehört und gelesen, daß dies sich lohnt. (Besagte Kusine kam ganz hingerissen zurück.)

Auch in der näheren Umgebung gibt es oft Sehenswürdigkeiten, die man längst einmal angesehen hätte, wenn sie, statt fünfundzwanzig Kilometer von der Wohnung, fünfundzwanzig Kilometer vom Urlaubsort entfernt lägen. Vielleicht hat man als Kind einmal einen Schulausflug dorthin gemacht, aber weil man damals mehr daran interessiert war, mit den Filzpantoffeln Kunsteislauf zu üben, als daran, die köstlichen Stukkaturen und Deckengemälde zu studieren, hat man nur noch eine sehr schwache Vorstellung davon. Und auch der herrliche Gipfelblick von der benachbarten Burg ist verschwommener in Erinnerung als die Tatsache, daß man dort beinahe beim Rauchen erwischt worden wäre. Vielleicht sollte man wirklich noch einmal dorthin pilgern, selbst auf die Gefahr hin, unter lauter Touristen zu geraten. Erstens ist es sicher sehr schön, und zweitens könnte man dann wenigstens mitreden, wenn Fremde davon sprechen.

Es existieren übrigens noch Sehenswürdigkeiten anderer Art. Auch hier wissen die Einheimischen nicht immer so ganz genau Bescheid. Es gibt beispielsweise eine ganze Menge Hamburger, die noch nie in ihrem ganzen Leben nachts um halb eins auf der Reeperbahn waren, obwohl viele Fremde das eigentlich von ihnen kaum glauben können. Es gibt aber auch andere Hamburger, die oft nachts um halb eins auf der Reeperbahn waren, nur weil Besucher von außerhalb dies von ihnen verlangt haben. Sagen sie wenigstens.

Was hast du mir denn mitgebracht?

Der Mensch, der in der Fremde umherreist – sei es die Fremde anderer Erdteile oder die des Sauerlandes –, denkt natürlich oft an die Lieben daheim. Dieses Denken kann sehr verschiedenartig ausfallen: Man sieht einen wundervollen Sternenhimmel und denkt dabei an einen ganz speziellen Lieben, man brütet in der Sonne und erinnert sich fröhlich, daß die Daheimgebliebenen kalte Regengüsse meldeten, man hört ein Kind brüllen und wünscht sich sein eigenes her – allerdings nicht immer, manchmal denkt man auch ganz heiter: Wie schön, daß mich jetzt Kindergebrüll nichts angeht! Und mitten in einer Art subtropischen Urwalds fällt einem das Problem ein, wer von all den Lieben daheim, die dies so fest versprochen haben, wohl wirklich Unkraut zupfen wird. Angesichts eines kleinen Mädchens mit Zahnklammer oder eines Mannes, dessen Regenmantelgürtel fast den Erdboden streift, bekommt man intensive Anfälle von Heimweh, und Raffaels Madonna führt unsere Gedanken direkt zur lieben Großmama, bei der sie im Schlafzimmer über den Betten hängt. Aber abgesehen von all diesem mehr ziellosen Gedenken, überfällt einen doch immer wieder das Problem: Was, um Himmels willen, bringe ich all den Lieben nun von der Reise mit?

Manchmal erledigt sich ein Teil dieser großen Frage von selbst: Man sieht ein wunderschönes, uraltes, geblümtes Nilpferd und weiß sofort: Das muß der und der haben! Oder die weitgereiste Tante hat gebeten, ihr aus dem Laden links am Marktplatz von Dubrovnik ein geklöppeltes

Tablettdeckchen für ihr kleines silbernes Tablett zu kaufen, oder aber man besorgt dem leidenschaftlich Käse liebenden, einhütenden Onkel den allerfeinsten Käse, den man auftreiben kann, weil das einer ehrwürdigen Tradition entspricht. Im allgemeinen aber muß man schrecklich nachdenken. Zuerst muß natürlich die Frage geklärt werden, wer denn überhaupt bedacht werden muß. Meist erschreckt einen eine ernsthafte Überlegung dieses Punktes so sehr, daß man die ganze Aktion erst einmal wieder fallenläßt. Es ist, als habe man im Wasser unversehens das Ende eines sehr weitverzweigten Schlinggewächses zu fassen bekommen. Da ist also zunächst die allerengste Familie. Dann kommt die liebe Oma, die auch immer etwas mitbringt. Aber wenn die eine Oma etwas bekommt, muß die andere auch etwas haben, sonst gibt es gewisse Verstimmungen. Die Tante, die die Kinder hütet, und der gute Geist, der das Haus sauberhält, bekommen natürlich auch ein Angebinde aus Italien oder Mallorca, und die Cousine muß bedacht werden, weil sie ihre nagelneue Luftmatratze hergeliehen hat. Desgleichen darf der Onkel, der den Hund in Pflege nahm, ebensowenig vergessen werden wie der kleine Neffe, der auf seiner gerade beendeten Reise einen Eimer voll Muscheln für uns sammelte. Der Kreis wächst und wächst, und ehe man es sich versieht, ist man plötzlich in gereizte Debatten mit dem Begleiter verwikkelt, der gegen die Vorstellung so vieler Lieben daheim, für die etwas besorgt werden muß, mit so unsachlichen Argumenten ankämpft wie: Schließlich wäre er doch nicht irre, oder: Er erwarte ja auch von niemanden, daß der von Wer-weiß-woher etwas für ihn anschleppe.

Wenn jemandem auf der Reise das große Glück widerfährt, daß er irgendwo etwas sieht, bei dem ihm blitzartig einfällt: Das wäre ein Mitbringsel für Tante Anni!, so soll er sofort und ohne zu zögern hingehen und es kaufen. Erfahrungsgemäß vergißt er es später oder findet es nicht wieder, oder er kommt entgegen allen Planungen nie wieder an diesen Ort. Vierzehn Tage später aber rennt er verzweifelt die Hauptstraße der allerletzten fremden Stadt auf und ab, von dem Gedanken gejagt, daß nun auf der Stelle noch ganz schnell etwas für Tante Anni besorgt werden muß – und meist nicht nur für Tante Anni.

Manchmal kauft man wahllos hübsche kleine Mitbringsel im Verlauf einer Reise, die man dann zum Schluß alle mit großem Vergnügen auf dem Hotelbett ausbreitet und verteilt. Das ist für den, und das ist für die. Hiervon haben wir zwei, davon kann der und der eins kriegen. Und wenn die das kriegt und die das, dann muß die aber noch eine Kleinigkeit dazuhaben, sonst kriegen wir wieder Ärger. Zuweilen ranken sich dann zwei Lieben aneinander hoch, weil man im Streben nach Gerechtigkeit immer erst dem einen und dann dem andern noch ein bißchen dazu zuteilt. Zum Schluß fehlt dann doch etwas, und der Abschiedsabend von einer wunderschönen Stadt wird durch das Problem belastet, ob man wohl auf dem Flughafen etwas findet, das passend ist und dem man den Flughafen nicht ansieht.

Es gibt herrliche Mitbringsel, von denen man sich nur sehr schwer trennt, vor allem aus Ländern, in denen die Leute noch selbst schnitzen, sticken, malen, schmieden und leidenschaftlich mit ihren Produkten handeln. Es gibt auch ganz andere Geschenke, gewissermaßen mondäne aus den Metropolen dieser Welt, und es gibt die richtigen Reiseandenken, ein Sammelsurium von zum Teil atemberaubenden Scheußlichkeiten und eine Quelle schönsten Amüsements für alle die, die Sinn für die kitschigsten Salzfässer der Welt und ähnliche Kostbarkeiten haben.

Übrigens stößt man zuweilen bei einem Gang durch die heimischen Warenhäuser auf die gleichen Gegenstände, die man ehrlich und unter den größten Schwierigkeiten auf dem Markusplatz in Venedig erstanden hat. Dies sei als Hinweis gedacht für alle die, die unverzeihlicherweise doch nicht mehr alles geschafft haben. Nur vergesse man dabei nicht, daß rechtzeitig das Einwickelpapier gewechselt werden muß!

Wieder daheim

Natürlich ist man am allerliebsten zu Hause, aber auf dem Urlaubsheimweg überkommen einen nicht nur freudige Gefühle. Da sind zuerst die endlosen Kilometer, die man vor drei Wochen in fröhlichster Urlaubsstimmung irgendwohin fuhr. Nun müssen sie alle, alle wieder rückwärts abgewickelt werden! Die Barmittel sind erschöpft, und die Urlaubsausrüstung ist nicht mehr neu, sondern nur noch ein ziemlich unansehnliches Bündel schmutziger Wäsche.

Unter diesen etwas belastenden Umständen ist es gut, wenn man sich auf etwas freuen kann: auf das Baby vielleicht oder auf den Hund, die nicht mit auf der Reise waren, auf den Garten oder auch nur auf die Wohnung. Manchmal hat man Glück und erlebt reine Wiedersehensfreuden, oft aber kann das Baby einen nicht mehr leiden und versteckt sein Gesicht entsetzt am Hals der Pflegemutter, der Hund hat sich etwas aufgehalst – ein zerrissenes Ohr, Flöhe oder gar die Hoffnung auf Nachwuchs, der Garten macht den Eindruck eines Urwaldes, in dem ganz neue unbekannte Pflanzen infolge reichlichen Regens zu ungeahnten Höhen aufgeschossen sind, und die Wohnung, ja, die sieht eben wie eine Wohnung von Urlaubern aus.

Vorher hatte man natürlich alles genau geplant. Aber offensichtlich hat man die Intelligenz des Babys, die Hundekenntnis der leidenschaftlichen Hundefreunde und die Zuverlässigkeit des Rentners, der den Garten machen wollte, überschätzt. Auch mit der Wohnung hatte man alles scharf überlegt. Es gibt da ja die verschiedensten Möglichkeiten: einfach zusperren, einer Nachbarin den Schlüssel zum Lüften und Blumenbegießen geben, eine Verwandte einziehen lassen, die Putzfrau bestellen, einen Junggesellen als Einbrecherschreck dort hausen lassen oder noch etwas ganz anderes. In allen Möglichkeiten aber liegt der Keim zu Ärgernissen. Die Putzfrau hat sich im Heimkehrertermin verrechnet, was man unschwer dem Abreisetagskaffeegeschirr ansieht, der Junggeselle gab rauschende Partys unter Einbeziehung aller Schlafmöglichkeiten, die Verwandte „fand" gerade jene uralte Post, in der sich ein anderer Zweig der Familie mit ihrem Charakter auseinandersetzt, die Nachbarin hat ausgerechnet die allerschönste Topfpflanze eingehen lassen, und die ganz alleingelassene Wohnung sieht noch haargenau so aus, wie man sie bei der überstürzten Abreise (alle Abreisen sind letzten Endes überstürzt) verlassen hat. Außerdem hat sie drei Wochen Nichtlüften sehr übelgenommen, wozu noch der herrliche Rosenstrauß, den man vor der Abreise einfach nicht wegwerfen konnte, das Seine beigetragen hat. Unter Umständen, das heißt wenn man in planloser Eile abgereist ist, erwarten einen die merkwürdigsten Naturschauspiele: herrliche Schimmelbildungen, alle Nuancen der alkoholischen Gärung und Versteinerungen bei Zucker und Ei. Die aus dem Urlaub heimkehrende Hausfrau krempelt im Geiste sofort die Ärmel hoch. Während ihr Mann noch einfach nur so durch die Räume geht, plant sie schon die Generalüberholung: Kind, Hund, Fußböden, Garten, Küche, Gardinen – nichts kann bedauernswerterweise unbeachtet bleiben. Und das Auspacken des Koffers geschieht schon in vier Kategorien: gar nicht waschen (zum Beispiel Schuhe, Bücher, Ledergürtel)! Waschmaschine! Handwäsche! Reinigung! Und obwohl man so ungeheuer praktisch ans Werk geht, tut es einem geradezu leid um das Häufchen feinen weißen Urlaubssandes, das in den Koffern und Handtaschen übrigbleibt und schließlich doch in die Mülltonne wandert.

O ja, man freut sich sehr, wieder daheim zu sein und endlich im eigenen Bett zu liegen mit der hellen, bequemen Leselampe! Man genießt den angestammten Sessel, das einfache Wurstbrot, das Badezimmer, wo alles seinen Platz hat, den Kühlschrank, in den man hineinlangen kann, und den Kleiderschrank, in dem die Sachen hängen, die Gott sei Dank nichts mit der praktischen Ferienkombination für jeden Zweck zu tun haben. Trotz aller Freude beschleicht einen aber ein leises Gefühl der Abneigung gegen den grauen Alltag, angesichts der ewig gleichen Fragen: Reicht die Butter noch für morgen? Soll das graue Hemd noch einmal gestopft werden? Und, immer und immer wieder, was essen wir heute?

In diesen kritischen Augenblicken tut man gut daran, außer dem Essen für heute auch gleich den nächsten Urlaub zu planen. Denn wenn man bedenkt, daß von vier durchgeplanten Urlaubsreisen ganz sicher drei wieder umgeplant werden, so ist man wirklich keinen Tag zu früh dran!

Mögen Sie auch „Hasenbrot“?

Bisher hat mir noch kein Mensch erklären können, wieso eigentlich jene Brote, die man als Wegzehrung auf eine Wanderung oder Reise mitnimmt, dann, wenn man sie nach Beendigung des Unternehmens ungegessen auspackt, „Hasenbrote“ genannt werden. Solange man noch reist oder wandert, sind es noch keine Hasenbrote, sondern erst dann, wenn man sie beim endgültigen Auspacken leicht verdrückt und keineswegs mehr taufrisch aus dem Koffer oder aus der Brottasche holt. Wenn auch der ursprüngliche Besitzer sie mit echtem Überdruß betrachtet, so finden sie doch zumeist in fremden Häusern reißenden Absatz. Fast alle Kinder sind wild auf diese Hasenbrote, die nicht nur nach fremder Wurst und fremdem Käse schmecken, sondern auch etwas von dem Duft der großen weiten Welt erahnen lassen. Aber auch Erwachsene scheuen zuweilen nicht die etwas zerlaufene Butter oder derangierte Form, weil sie Tante Emmas Mettwurst oder das echte Eifeler Bauernbrot zu schätzen wissen. Als Zugabe zu Hasenbroten werden noch eiskalte harte Eier verteilt, die außerordentlich trocken und sättigend wirken, die aber ihrerseits nie „Haseneier“ genannt werden.

Zu den schwierigsten Planungen gehört es offenbar, einen Menschen mit der richtigen Menge von Butterbroten zu verproviantieren. Es sind immer entweder zuviel oder zuwenig. Schon mit den Schulbroten fängt das Leiden an. Bei mir waren es eigentlich bis auf die Zeit, da ich einem Mitschüler, der aus Diätgründen auf Backobst gesetzt worden war und seine Trockenfrüchte nur gegen drei

Scheiben mit Leberwurst hergab, immer zuviel. Das brachte einen in schlimme Verlegenheit; denn wenn man auch sonst noch nicht so genau Bescheid wußte, was eigentlich alles Sünde zu nennen war, das eine wußte man doch sehr genau: Brot wegwerfen war ganz bestimmt Sünde, und der Himmel würde es nie ungestraft geschehen lassen, wie wir alle an unserem Mitschüler gesehen hatten, der unmittelbar, nachdem er sein Frühstücksbrot in einen offenstehenden Kohlenkeller geworfen hatte, so heftig gegen den Briefkasten gelaufen war, daß sein Kopf genäht werden mußte. Aber auch bittere Armut in der Familie, Hungersnöte für das ganze Land und Gewitter konnten durch diesen Frevel ausgelöst werden. Wohin also mit den Broten? In der hintersten Schrankecke sammelten sie sich an, und wenn man zuerst noch fest vorhatte, sie nach und nach aufzuessen, so ging es einem schließlich wie einem echten Bankrotteur mit seinen Schulden: Der Berg wuchs und wuchs, und es gab keine Möglichkeit mehr, ihn je abzutragen. Die heutigen Kinder sind ganz sicher in diesem Punkt nicht so bange, wovon die mit den schönsten belegten Broten gefüllten Schulpapierkörbe zeugen. Ihnen fehlen aber auch jene armen Kinder, an die wir zuweilen unsere Überschüsse verschenken konnten, was zwar nicht die volle Billigung unserer Mütter, aber in unseren Augen sicher die des Himmels fand. Übrigens ist es nicht so – wie ich aus eigener trüber Erfahrung weiß –, daß heutzutage keine Schulbrotberge in den Schrankecken schimmeln und jenen wohlbekannten muffigen Geruch ausströmen, der einen so sehr an eigene Kindernöte erinnert. Kluge Ratgeberinnen in klugen Zeitschriften wissen natürlich ein Heilmittel: Man muß nur eine andere, mehr appetitanregende Art von Frühstück mitgeben, und das Kind wird alles mit Wonne aufessen. Aber nicht jeder Mutter ist es gegeben, morgens um sieben schon schöpferisch mit Quark, Apfelschnitten, Apfelsinenscheiben, Schokoladenstückchen und Salatblättern zu hantieren – ganz zu schweigen davon, daß man für die Allerkleinsten lustige

Gesichter in Radieschen schnitzen soll. Und wer weiß, ob diese Kunstwerke dann nicht doch auch vergammeln?

Zu großer Kunst kann die Speiseplanung für einen Ausflug werden. Wenn dieser Ausflug auch oft nicht länger dauert als ein normaler Schultag, so muß doch die Verproviantierung ganz anders sein, gewissermaßen luxuriöser. Nicht nur muß Obst und Schokolade mit – auch hartgekochte Eier und Landjägerwürste zum In-die-Hand-Nehmen sind sehr gefragt. Manche Mütter geben auch Kartoffelsalat oder Pudding im Einmachglas mit, wobei es aber sehr auf die Umgebung ankommt, ob man sich seines Einmachglases schämen muß oder ob die anderen einen glühend um diese Delikatesse beneiden und einem helfen, das Gefäß bis auf den Grund zu leeren – natürlich alle mit dem gleichen Löffel.

Reiseproviant – dazu noch ausgesucht schöner, und nicht der, an dem jemand Aufschnitt und Butter gespart hat – löst zumeist unwiderstehlichen Appetit aus, der sich bereits beim Antritt der Reise zu regen beginnt. Mütter mit frischem pädagogischem Ehrgeiz versuchen den Augenblick des Proviantauspackens wenigstens bis nach der ersten Station hinauszuschieben. Aber der erwachsene, von keinen Müttern gehemmte Mensch kann auspacken, wann es ihm paßt. Und tatsächlich sieht man erstaunlich viele Leute gereiften Alters schon bei der Ausfahrt des Zuges nach dem ersten Reisebrot greifen.

Wenn man auf der Stufenleiter des Erfolges so weit gestiegen ist, daß man sich nur mehr in den Speisewagen begibt oder sich von eisern lächelnden Stewardessen abfüttern läßt, entgeht einem doch vieles, seien es nur Tante Emmas Mettwurstbrote oder die als Überraschung eingepackte Tüte mit getrockneten Pfirsichen. Und nach der Ankunft kann man auch niemanden mehr mit Hasenbroten erfreuen.

Umrechnen will gelernt sein!

Sehr gewissenhafte oder auch nur vergeßliche Leute machen sich vor der Urlaubsreise einen kleinen Merkzettel, auf dem etwa zu lesen steht: „Post umbestellen, H. den Rasenmäher erklären, blaue Hose aufbügeln, bei O. verabschieden, Rhododendron wässern, Bücher besorgen, Geld!! usw." Geht die Reise ins Ausland, so steht hinter Geld!! in Klammern Lire oder Francs oder Fränkli, denn als erfahrener Auslandsreisender weiß man natürlich ganz genau, daß man in der Regel nirgendwo so vorteilhaft fremdes Geld einhandelt wie daheim. Schon an der Grenze wird's schlechter, und ab dann muß man mit schweren Verlusten rechnen. Man nimmt also das fremde Geld mit dem guten Gefühl entgegen, finanztechnisch klug und weise gehandelt zu haben. Man soll möglichst später nie genau nachrechnen, wieviel man denn nun eigentlich gespart oder gar zugesetzt hat – es ist meist enttäuschend.

Das fremde Geld sieht zunächst sehr fremd aus, und manchmal erlebt man, daß etwa große Scheine mit großen Zahlen nur ganz wenig wert sind, daß eindrucksvoll aussehende Münzen – als Trinkgeld verwandt – dem so Bedachten nur ein mitleidiges Lächeln entlocken. Was erklärlich wird, wenn man nachrechnet, daß man soeben die fürstliche Summe von sechzehn Pfennigen überreicht hat und daß andererseits kleine unscheinbare Dingerchen es in sich haben. Nun steht zwar an sich der Wert des Scheines oder der Münze irgendwo deutlich zu lesen, aber in der Eile weiß man nicht immer gleich zu finden, wo. Dazu kommt noch erschwerend, daß Zahlen in fremden Sprachen besonders unverständlich klingen, so daß man zunächst einmal herausfinden muß, wieviel man zahlen soll oder will. Dafür läßt man sich die Zahl beispielsweise aufschreiben und sucht dann erst die gewünschte Summe anhand der Bestände zusammen, wobei es blitzschnell zu klären gilt, wieviel denn nun um Himmels willen die kleinen Silbernen und die großen Goldenen wert sind. Außerdem merkt man natürlich nicht ohne Bedrückung, daß man auf die Angehörigen der fremden Nation einen ungeheuer beschränkten Eindruck macht – so etwa wie jemand, der daheim nicht imstande ist, mit unseren Geldstücken einsfünfundsiebzig zusammenzustellen –, und das wirkt auch nicht gerade beflügelnd auf den angestrengten Verstand. Eigentlich kann man es den Einheimischen kaum verargen, daß sie immer wieder der Versuchung erliegen, derart törichte Reisende ein wenig übers Ohr zu hauen, etwa, indem sie einem einen Schein unterjubeln, der völlig korrekt ist, bis auf das Fehlen einer einzigen Null, oder indem sie von den in offensichtlicher Unkenntnis willig dargebotenen Geldstücken immer noch eins und noch eins nehmen, bis man schließlich im ganzen fünf Mark achtundzwanzig bezahlt hat.

Natürlich geht das nur einige Zeit gut – dann kennt sich der Fremde aus und kann gar nicht mehr begreifen, wo eigentlich die Schwierigkeiten vor drei Tagen gelegen haben. Wenn zwei Leute zusammen reisen, kann es übrigens passieren, daß der, der nicht die Kasse führt, es nie begreift und den anderen damit zur Verzweiflung bringt. Daß er sich beim Einkauf von einem Pfund Apfelsinen etwa den Rest von ungefähr vier Mark zwanzig nicht herausgeben läßt oder des festen Glaubens ist, die todschicken Schuhe, die umgerechnet an die hundertfünfundsiebzig Mark kosten, seien spottbillig.

Das Umrechnen ist eine Kunst für sich und wird je nach Temperament und Veranlagung mit Genauigkeit betrieben. Wenn die Wahrheit in der Mitte liegt, teilt der eine alles durch sechs und der andere alles durch sieben, so daß sich bei größeren Summen schon gewisse Unterschiede ergeben. Es gibt auch komplizierte Währungen, wo man zuerst durch drei teilen und dann mit zwei malnehmen muß oder so etwas. Man muß ein Zehntel abziehen und dann mit zehn malnehmen oder immer zwanzig Prozent weniger rechnen – alles Maßnahmen, die sich mit komplizierten Zahlen nur von Rechenkünstlern im Kopf durchführen lassen. Falls das Rechenergebnis vor einem geplanten Kauf unbefriedigend ausfällt, kann man sich immer noch durch das Einbringen neuer Gesichtspunkte helfen: Diese herrliche Farbe gibt es zu Hause nicht ... hier ist eben alles etwas teurer ... man beachte die wunderbare Handarbeit ... die paar ersparten Mark machen den Kohl schließlich auch nicht mehr fett ... und endlich: Urlaub ist Urlaub.

Und dann geht der Urlaub zu Ende, und irgendwann muß man das Geld wieder loswerden. Das allgemeine Ideal, daß man genau mit dem eingetauschten Geld auskommt (wegen des – wie der Fachmann weiß – Verlustes beim Rücktausch), erreicht man kaum jemals. Kurz vor der Grenze beginnt dann das große Zusammensuchen. Jeder fahndet in seinen Taschen nach Scheinen und Münzen, und wenn nicht zuviel dabei herauskommt, wird genau für diese Summe Schokolade gekauft, Kaffee getrunken und getankt. Wenn der Tankwart Pech hat, bekommt er sieben ganze Pfennige, hat er Glück, so sind es drei Mark dreiundsiebzig. Und so ist man alles wieder los. Kundige Menschen rechnen einem unter Umständen später nach, daß das Tanken zu teuren Landespreisen das Vielfache eines etwaigen Währungsverlustes ausgemacht hat – aber manche Leute müssen ja immer alles besser wissen.

Übrigens findet man in den nächsten Wochen immer noch wieder irgendwo fremde Münzen, die man für den nächsten Urlaub beiseite legt. Nur vergißt man sie dann ganz bestimmt.

Sommer, Sonne, Sand im Schuh...

Bei dem Wort „Sommer" taucht bei etwa achtzig Prozent aller Leute jungen und mittleren Alters folgende Vision auf: sie sehen sich selbst braun getönt und angenehm anzuschauen irgendwo in der Sonne liegen, während im Hintergrund – blau und einladend – die Wellen eines Meeres, Sees, Flusses oder Schwimmbeckens plätschern. Natürlich sind besagte Wellen nur gerade so kalt, daß sie erfrischend, aber nicht erschreckend wirken. Natürlich ist der Himmel strahlend und wolkenlos.

Diese Vision beweist, was wir doch für rührende Menschen sind, die dem Sommer all jene Tage nicht nachtragen, an denen wir im Regenmantel durch die Stadt trabten, mit zwei Körben voll Johannisbeeren zum Einmachen beladen; wo wir im Pullover am Strande Dauerlauf betrieben, um endlich einmal warm zu werden; wo wir eine Zehenspitze in das allzu kühle Naß steckten und mit dem inneren Schweinehund einen harten Kampf austrugen; wo wir die kahlen Wände eines Hotelzimmers anstarrten und uns zu erinnern suchten, was das eigentlich war – die Sonne. Trotz alledem ist und bleibt der Sommer für uns die Zeit, wo man... siehe oben. Damit man aber für den nächsten Winter Erinnerungen hat, soll man jeden nur möglichen Augenblick ausnutzen, denn ehe man es sich versieht, sind die vierzehn oder sechzehn wirklichen Sonnentage um, an denen das bekannte Badeleben stattfinden kann.

Das Badeleben besteht aus Baden, Spielen und In-der-Sonne-Liegen. Das Spielen lassen manche aus, andererseits kann man auch noch Rauchen, Picknickkofferleeren und Plattenspielen einbeziehen. Das alles muß nicht sein – aber unbedingt sein muß Baden und In-der-Sonne-Liegen. Wie jedermann weiß, ist es ungesund, in der Sonne zu braten. Aber kaum jemand stört sich daran. Man dreht sich von einer Seite auf die andere, schaltet ab, und wenn man eine Katze wäre, würde man vor Behagen schnurren.

Bevor man aber so selig vor sich hindöst, gibt es erstaunlich viel zu bedenken und zu arrangieren. Man muß zuerst wahre Bodenstudien betreiben, etwaige Erderhebungen müssen umgangen oder behoben werden, kleine Aufschüttungen am Kopf sind tunlich. Der Bademantel, je nachdem ob er einschläfrig oder zweischläfrig benutzt werden soll, muß in die Länge oder Breite gezogen werden, und die Sonnenkosmetik muß einen idiotensicheren Platz bekommen. Manche machen es sich bequem und baden einfach im Liegestuhl Sonne, doch müssen sie dies bitter durch eine weiße Rückseite büßen. Bis auf die Anwesenheit der kleinen zutraulichen Ameisen, die unermüdlich auf der bloßen Haut herumrennen, ist als Unterlage Rasen sehr zu empfehlen. Das Herrlichste aber ist und bleibt schöner, weißer, warmer Sand.

Man kann natürlich gegen den Sand einiges einwenden. Da ist zuerst einmal seine Anhänglichkeit und Unerschöpflichkeit. Wenn man bedenkt, wieviel Sand alljährlich von den Kurgästen in Koffern, Haaren, Schuhen, Bürsten, Ohren, Jackentaschen und Büchern mit nach Hause getragen wird, muß man sich wundern, daß überhaupt noch Sand am Ufer liegt. Zuerst fegt man ihn dauernd indigniert zusammen. Wenn aber mitten im Winder sich aus dem Roman „Tod im Blausee“ Zuckersand auf den Teppich ergießt, ist man gerührt.

Zwischen Sand und Sonnenschutzmitteln besteht übrigens eine besonders innige Liebe. Das vertraute Knirschen der nicht mehr dichten Flasche kennen wir alle. Das Problem, ob man ins Wasser soll, um die unlösbar verschmolzene Schicht von beiden abzuwaschen und sich neu einzubalsamieren, ist auch vertraut. Auch das mordlustige Gefühl, das einen beschleicht, wenn man gesäubert und makellos sonnenölglänzend auf ausgeschütteltem Bademantel liegt, und einer jener Zeitgenossen kommt nahe vorbei, die bei jedem Schritt wahre Sandfontänen aufwerfen. Unnötig zu bemerken, daß, wenn man sich nach diesem Unglück erneut makellos hinbetten will, ein uns nahestehender Mensch inzwischen das mühsam erbaute Lager bezogen hat.

Wenn man nun wirklich ganz bequem liegt, dann kommen nach einiger Zeit des Friedens garantiert jene Menschen, die zum Bade drängen; denn dazu, bemerken sie völlig richtig, sei man ja am Meer, See, Fluß oder im Schwimmbad. Nun hat es mit kaltem Wasser eine merkwürdige Bewandtnis: fast jeder tummelt sich gern darin herum (falls es nicht zu kalt ist), aber jeder haßt den Augenblick des Hineingehens und schiebt ihn von sich weg. Der schrille Schrei meines kleinen Vetters, als er bis zu den Knöcheln in der Nordsee stand: „Gieß bißchen Warmes zu!" ist der ins Wasser steigenden Menschheit allgemein begreiflich. Es gibt kaum jemanden, der nicht auf Zehenspitzen zu gehen beginnt, wenn das Wasser etwa in Bauchhöhe steigt. Oh, und wie befreiend ist dann der Moment, wo man endlich ganz naß ist und auf dem Rücken liegend oder mit den Beinen strampelnd den anderen zuruft: „Ich weiß gar nicht, was ihr wollt, das Wasser ist doch heute einfach herrlich!"

Eine der Annehmlichkeiten des Badelebens ist auch die Möglichkeit, in den merkwürdigsten Verkleidungen und Entkleidungen einherzuwandeln und herumzuliegen, wobei es manchmal wirklich verblüffend ist, festzustellen, was manche Frauen opfermütig anziehen, um ihre Erscheinung in das denkbar schlechteste Licht zu stellen. Aber der schönste und gelungenste Strandlebentag ist doch der, an dem man selbst zu faul dazu wird, seine mühsam erdachten und zusammengestellten Strandkombinationen alle vorzuführen, auf jedes Umkleiden verzichtet und abends eine samtbraune Haut nach Hause trägt, auf der die Träger des einen Badeanzugs weiß leuchten – oder auch nicht. Zwar sind diese Streifen durchaus ein Schönheitsfehler, aber doch auch die Erinnerung an einen Tag, an dem überhaupt nichts auf der Welt wichtig war außer Sonne und Wasser. Und vielleicht der Sand an den Butterbroten.

Auf jeden Fall: Schirm nicht vergessen!

Natürlich spielt bei der Auswahl des Urlaubsortes auch das Wetter eine entscheidende Rolle. Man pfeift auf das Gedeihen des saftig grünen Rasens und anderer feuchtigkeitsbedürftiger Attraktionen und hat es lieber warm und trocken. Dies wurde einem auch fest versprochen: Die Freunde, die einem gerade diesen Urlaubsort warm empfohlen haben, sahen im vergangenen Jahr kein Wölkchen am ewig blauen Himmel. Auch der Reisebüroprospekt verspricht einem so viel durchschnittliche Sonnenstunden, daß man schon fast die Nacht zu Hilfe nehmen muß, um alle unterzubringen. Natürlich hätte einen der Hinweis, man solle für alle Fälle einen Regenmantel oder einen warmen Pullover mitnehmen, stutzig machen sollen – aber wer läßt sich schon kurz vor dem Urlaub gern beirren?

Sollte man dann doch in schlechtes Wetter geraten, so erlebt man wieder einmal die erstaunliche Tatsache, daß man es offensichtlich selbst ist, der die Atmosphäre in Unordnung bringt! Denn noch nie, so versichern einem alle Ortsansässigen, habe es je vorher in diesem Monat schlechtes Wetter gegeben, sei das Meer so eisig gewesen, habe der Wind aus der falschen (natürlich kühlen) Richtung geblasen oder sei die Blüte von Rose, Heide, Kirsche oder Tulpe noch nicht aufgebrochen.

Ist der erste Schock überstanden, zu dessen Überwindung der Ankauf einer schicken zweiten Wolljacke nach der Art des Landes hilfreich sein kann, so trifft man garantiert auf einen der wenigen Eingeborenen, die nichts mit dem Fremdenverkehr zu schaffen haben und die sehr kundige Wetterprophezeiungen abgeben. Der erzählt einem dann, was es wirklich mit dem Wetter auf sich hat. Entweder muß man frierend auf den nächsten Neumond warten oder darauf, daß man die Spitze des Hohen Ichweißnichtwas entweder morgens sehen oder auch nicht sehen kann, daß der Wind sich dreht, daß es morgens etwas diesig ist oder das Meer eine andere Art von Wellen produziert, als es das gerade tut. Alles dies kann lange dauern, obwohl man immer wieder die Überraschung erlebt, daß es plötzlich wieder schön wird.

Übrigens gibt es auch viele Regeln, die der Urlauber selbst als verbindlich herausfindet. Unternimmt man beispielsweise längere Unternehmungen in wärmenden und regenabweisenden Umhüllungen, kommt in neunzig Prozent aller Fälle die Sonne heraus. Entschließt man sich aber etwa am Strand, bei wechselndem Blau angesichts eines größeren Wolkenlochs doch alle Hüllen fallen zu lassen, zieht das Loch garantiert an der Sonne vorbei.

Jeder von uns hat schon einmal beim Erwachen am Urlaubsort das prasselnde Geräusch an den Fensterscheiben vernommen, das so einen richtigen kräftigen Land-(oder See-)Regen signalisiert. Zunächst einmal hört es sich vom Bett aus ganz gemütlich an. Kein Mensch – solange man nicht kleine unvernünftige Menschen mit sich führt – zwingt einen ja aufzustehen, und ein Tag ohne alle Aktivitäten an der frischen Luft hat sicher auch einmal etwas für sich! Man darf allerdings nicht dazu verdammt sein, in einem ungemütlichen Zimmer, das man höchst sparsam gemietet hatte, weil man bei dem schönen Wetter ja doch den ganzen Tag draußen sein wollte, auf einem Hocker oder auf der Bettkante zu sitzen. Auch der harte Schlag, daß das Frühstück nur bis neun Uhr dreißig serviert wird, sollte einem an so einem Tag nicht versetzt werden. Im übrigen kann man Karten schreiben, den Knopf an die rosa Bluse nähen, in der Ladenpassage Marktforschung betreiben und eventuell im Kino einen sehr jugendlichen John Wayne spanisch sprechen hören. Bedenklich wird die

Lage erst, wenn man am nächsten Morgen wieder beim Erwachen das nun schon vertraute prasselnde Geräusch hört. Es soll sogar Urlauber gegeben haben, die während der ganzen Zeit ihres Aufenthaltes nie die majestätischen Gipfel der Berge überhaupt – geschweige denn im alpenglühenden Abendrot – zu Gesicht bekamen und die nie ohne wasserdichte Unterlage im angepriesenen goldgelben, sonnendurchglühten Sand am Meer sitzen konnten.

Aber weil dies, nach allem, was man hört und liest, gar nicht sein kann, wollen wir uns auch nicht irremachen lassen, aber doch einen Schirm oder eine Regenhaut mitnehmen. Denn das allein bewirkt in der Regel schönes Wetter!

... und dann bräunt man geduldig vor sich hin

Jedes Jahr im Frühling lesen wir voller Interesse, welchen Teint in diesem Jahr die Dame von Welt zu tragen hat: einmal wird blütenzarte Durchsichtigkeit verlangt, dann ein Perlmuttschimmer, dann ein Hauch von Pfirsich und ein anderes Mal ein kindliches, aber kaum wahrnehmbares Rosé. Wie schon gesagt – wir lesen es und beschließen, in diesem Jahr perlmuttweiß zu schimmern. Wenn aber dann die Sonne kommt, gibt es nur noch ein Programm: braun, braun, braun wollen wir werden! Ein perlmuttschimmerndes Gesicht, nun ja, wenn es edel gebildet und von makelloser Haut ist – bei perlmuttschimmernden Armen wird die Sache aber schon problematisch, gar perlmuttschimmernde Beine, nein, die haben ganz gewiß etwas von einem Froschbauch! Und alles in durchscheinend Rosa oder Pfirsich ist auch ganz sicher nur in den seltensten Fällen eine Augenweide. Braune Beine und braune Arme dagegen, ein braunes Dekolleté und ein brauner Rücken, die wirken fröhlich und appetitlich, selbst wenn sie nicht so ganz klassisch geformt sind. Außerdem haben längst Unmengen von üppigen Schönen erprobt, daß schwellende Formen in Weiß und Rosa viel schwellender wirken als in Braun. Also, hinein in die liebe Sonne! Vor allem natürlich im Urlaub, dann, wenn sie einem nicht erst frühestens ab siebzehn Uhr scheint.

Aber zumeist geht der Mensch vor dem Urlaub zum Friseur, und zumeist liest er dort eine Unmenge illustrierte Blätter. Und in jedem dieser Blätter erscheint alljährlich um die Urlaubszeit ein kluger Doktor, der die Menschheit unter schrecklichen Drohungen vor der Sonne warnt. Den ersten Urlaubstag, so liest man übereinstimmend in allen Ausführungen der klugen Doktoren, verbringe man am besten im Halbschatten. Am zweiten Tag sind zehn Minuten Sonne auf den Rücken und zehn bei bedecktem Kopf auf dem Bauch erlaubt. Dies Quantum darf man bei allen Doktoren verschieden steigern. Bei manchen ist man etwa nach zehn Tagen bei einer ganzen Stunde angelangt. Sicherlich gibt es gute Gründe für diese Ratschläge. Sicherlich gibt es auch Menschen, die sie befolgen, aber ganz gewiß sind diese Folgsamen sehr, sehr selten. Denn es kann doch in unserer arbeitsamen Zeit nicht sein, daß überall dort, wo ich gerade sonne, Leute herumliegen, die, wenn sie streng nach der Doktorenregel sonnen, mindestens ihren hundertsten Urlaubstag erreicht haben müssen. Sie alle liegen dort geölt oder gesprayt und so minimal bekleidet, wie überhaupt nur möglich, und bräunen Stunden um Stunden vor sich in. Der Himmel ist blau, die Sonne kribbelt, von Zeit zu Zeit stäubt feiner Sand und klebt am Öl, manchmal kommt eine träge Unterhaltung auf, manchmal muß man sich gegen unternehmungslustige Menschen wehren, die einen ins Wasser jagen wollen, und zuweilen hat man die Aufgabe, auch die andere Seite in die Sonne zu bewegen. Von mir selbst und einigen anderen zum mindesten weiß ich sehr genau, daß ein so verlaufender Tag ganz gewiß nicht der hundertste Urlaubstag ist. Und von einigen in der Sonne Bratenden weiß ich auch, daß sie selbst kluge Doktoren sind und es eigentlich besser wissen sollten.

Manchmal folgt die Strafe dafür, daß man den Halbschatten (wo ist er übrigens am Meer?) viel zu wenig achtet, obwohl man doch in mindestens sechs Artikeln gewarnt worden ist, auf dem Fuße: Man bekommt tatsächlich scheußliche Kopfschmerzen, sieht grüne Punkte, wo keine sind, und hat ein mehr als dumpfes Empfinden beim Aufstehen. Vor allem aber kriegt man Sonnenbrand. Sonnenbrand ist eine richtige Krankheit und kann entsetzlich weh tun, wie alle die wissen, die schon einmal eine lange Nacht aufrecht sitzend und zähneklappernd, den Verzweiflungstränen nahe, verbracht haben, oder auch die, die mehrere sonnige Urlaubstage zähneknirschend in sonnenundurchlässigen Hüllen abbüßten. Aber wie andere Leiden, beispielsweise Zahnschmerzen, Hexenschuß, Kater und Schnupfen, nimmt niemand den Sonnenbrand so recht ernst. Der Leidende muß manches mitleidige oder höhnische Lächeln erdulden und manch entnervenden Kommentar darüber, was er lieber nicht hätte tun sollen und was andere Leute ihm gleich gesagt hätten. Und niemals wird einem sonst in Jahren so oft auf die Schulter geklopft wie an dem Tage, an dem man auf den Schultern Sonnenbrand hat. Zu allem Leiden kommt noch eins hinzu: die wundervolle erstrebte Bräune ist dort, wo sich die Haut pellt, rosaroten Flecken gewichen, die noch nach Tagen Wildfremde dazu bringen, uns vorsorglich anzusprechen: „Sie müssen aber vorsichtig sein, Sie kriegen ja Sonnenbrand! Man sieht es schon. So ein Leichtsinn!“

Aber trotz allem: ein Tag im Halbschatten und am nächsten Tag zehn Minuten Rücken und zehn Minuten Vorderteil – da könnte man ja schon gleich ganz zu Hause bleiben!

Mein Mann ist verreist!

Nur, wenn die traurige Tatsache zutreffen sollte, daß man mit einem ausgemachten Ekel verheiratet ist und aus diesen oder jenen Gründen auch bleiben will, herrscht uneingeschränkte Freude, wenn der Betreffende sich allein auf Reisen begibt. Ich kenne da beispielsweise einen Fall, wo die ganze Familie geradezu auflebt, wenn der Familienvorstand mit einem möglichst geräumigen Koffer in der Hand die Haustür endlich hinter sich zuschlägt. Im allgemeinen aber sind die Gefühle zum mindesten geteilt. Solange man sich noch in flitterwochenähnlichen Zuständen befindet und es das allererste Mal vorkommt, kann sogar wahre Katastrophenstimmung aufkommen, wird einem doch schlagartig klar, daß die schönen Vorsätze, in Zukunft alles gemeinsam zu unternehmen, der rauhen Wirklichkeit nicht standhalten können, in der der eine ohne den anderen nach Amerika, nach Düsseldorf oder zur Kur reisen muß. Später wird man dann zwangsläufig wesentlich gelassener. Und diese Gelassenheit bringt es mit sich, daß man auch gewisse Vorteile beim Strohwitwendasein entdeckt.

Zunächst einmal macht ein verreister Mann überhaupt keine Arbeit. Nun gibt es ja dem Vernehmen nach vor allem unter den jüngeren Ehemännern Exemplare, die ihren Frauen eher noch Arbeit abnehmen als welche verursachen, aber im allgemeinen wird es doch als Erleichterung empfunden, wenn man einmal eine Zeitlang nicht für saubere Hemden und angenähte Knöpfe, für ausreichende Mahlzeiten und gemachte Betten, für Nasentropfen und

Lieblingskekse sorgen muß. Es ist schön, einmal zu essen oder nicht zu essen, ganz, wie es einem paßt, wovon dann übrigens auch Kinder hin und wieder hell begeistert sind. Und auch ins Bett gehen kann man ganz nach Lust und Laune – zum Schönheitsschlaf um halb neun oder mit Buch und Licht bis zum Morgengrauen. Keiner fragt: „Fehlt dir etwas?" oder „Kannst du nicht einschlafen?" und keiner seufzt oder meutert aus dem einen oder anderen Grunde.

Man kann sich auch etwas vornehmen, wobei es sich um die allerverschiedensten Vorhaben handeln kann. Manche machen Hausputz oder lassen die Anstreicher kommen, um die Wohnung renovieren zu lassen, solange der Mann „nicht im Wege herumsteht", wozu allerdings bemerkt werden muß, daß es auch Frauen gibt, die nur, wenn der Mann daheim ist, „um mit anzufassen", Handwerker kommen lassen würden. Andere benutzen die Zeit, um Schönheitsprogramme mit Gesichtspackungen und strenger Diät durchzuführen, bei denen Männer erfahrungsgemäß leicht sabotierend wirken, um Fotos zu sortieren, Bücher zu lesen oder alles mögliche aufzuräumen. Bei der letztgenannten Tätigkeit ringt man sich kühn dazu durch, eine ganze Menge von jenen Ansammlungen wegzuwerfen, die er seit Jahren weder angesehen noch gar gebraucht hat, von denen er sich aber nie freiwillig trennen würde: Jacketts, Schuhe, Zeitschriften, Skihandschuhe, Medizinfläschchen, Kontoauszüge, Aktendeckel, Reiseprospekte – alles in ehrwürdigem Alter.

Aber auch ein reines Vergnügungsprogramm kann man sich ausdenken, wobei es einem bewußt wird, auf wieviel man doch aus lauter Liebe und Rücksichtnahme so im allgemeinen verzichtet. Da sind die Filme mit viel Gefühl und wenig Handlung, bei denen er unruhig zu werden pflegt, oder die Oper, aus der er sich nichts macht. Da gibt es alte Freunde, die er nicht ausstehen kann, oder Verwandte, die ihn langweilen. Freundinnen, mit denen man zugegebenerweise neben geistreichen auch weniger geistreiche – um nicht zu sagen alberne – Gespräche führt (man kennt sich ja schließlich von klein auf), können stundenlang bei uns herumsitzen, ohne zu stören und gestört zu werden. Und wenn sich nach dem Dienst oder zufällig in der Stadt noch etwas Nettes ergibt, existiert nichts, was einen unbedingt nach Hause zieht; wobei es nicht unerwähnt bleiben soll, daß es auch immer noch Frauen gibt, die in einem solchen Fall nicht einmal „dürften".

Man macht allerlei Erfahrungen, beispielsweise daß es allein im Kino irgendwie blöd ist oder daß man ohne seinen Mann in Gesellschaften viel mehr redet, daß die alten Freunde, wenn man sie länger genießt, wirklich nur halb so nett sind und daß es unter den gemeinsamen Bekannten zweierlei gibt: die einen laden einen ein, weil der Mann verreist ist, und die anderen laden einen aus, wenn man ihnen mitteilt, daß der Mann verreist ist.

Und zweierlei Ehemänner gibt es auch: Die einen kommen immer eher als angekündigt wieder, und bei den anderen dauert es immer einen Tag länger.

„Rate mal, von wem ich dich grüßen soll!“

Wenn es auch die Brüder Grimm nicht ausdrücklich berichtet haben: Als Rotkäppchen mit Kuchen und Wein im Körbchen zur Großmutter geschickt wurde, wobei es dann vom rechten Wege bedauerlicherweise abwich, bekam es von seiner Mutter ganz sicher auch noch den Auftrag mit, die Oma schön zu grüßen. Und wenn alles programmgemäß verlaufen wäre, hätte Rotkäppchen dies ganz gewiß vergessen bis zu jenem Augenblick hin, in dem die Großmutter beim Abschied außer vielem Dank für Kuchen und Wein auch ihrerseits einen schönen Gruß an die Mutter aufgetragen hätte. So etwa geht es nämlich allen Kindern, die „auf Besuch“ geschickt werden, wenn sie nicht, wie meine Schwester und ich, über eine Tante verfügen, die sehr bald nach unserem tadellosen Eintreffen – mit neuen Zopfschleifen, saubergebürsteten Fingernägeln und vor der Haustür noch hochgezogenen Söckchen – schon etwas pikiert zu fragen pflegte: „Sollt ihr mich denn gar nicht von der Mutti grüßen?“ Natürlich sollten wir es; und hätte man vergessen, es uns aufzutragen, hätten wir uns ganz gewiß nicht getraut, mit „Nein“ zu antworten.

Erwachsenen geht es vielfach nicht anders. Manche sind ungeheuer korrekt im Grüßenlassen und machen jene auf diesem Gebiet eher nachlässigen Mitmenschen spätestens beim Abschied darauf aufmerksam, daß diese es wieder einmal versäumt haben, bei der Ankunft die fälligen Grüße auszurichten. Manchmal ahnt der, von dem die Grüße kommen, übrigens gar nichts davon, weil er auch zu den Nachlässigen zu rechnen ist oder weil er sich seit Jahren darauf verläßt, daß man alles in dieser Beziehung Notwendige gewissermaßen automatisch erledigt. Sicher gehört es zu den geringeren Sünden, wenn man ausführliche Grußbotschaften an beglückte alte Leute und sehr geschmeichelte Kinder ausrichtet, von denen der angebliche Urheber nicht das mindeste ahnt.

Eine Sensation verspricht immer die Aufforderung: „Rate mal, von wem ich dich grüßen soll?“ Natürlich kann man es nicht raten, denn wenn man es raten könnte, würde es einem weniger dramatisch mitgeteilt (oder überhaupt vergessen). Es kann also nur ein Mensch sein, von dem man seit Jahren nichts gehört hat, oder jemand, den man ganz woanders vermutet. Es kann jemand sein, von dem man immer annahm, er könnte einen nicht ausstehen oder er habe nie Notiz von einem genommen. Es können aber auch Leute sein, die man längst vergessen hatte und die durch Zufall auf uns zu sprechen gekommen sind: der Mann, dessen Auto man einmal nach langen, zähen Verhandlungen erstanden hatte, oder der Bademeister, der unsere Älteste dermaleinst das Schwimmen lehrte. Wenn man es übrigens auch nicht eingesteht: Manchmal fühlt man sich – immer vorausgesetzt, der Gruß wurde wirklich aufgetragen, und das kann man bei vertrauten Personen durch einige Rückfragen schon herausbekommen – schon ganz schön geschmeichelt. Man hat also offensichtlich Eindruck gemacht! Leider erweisen sich viele Männer als äußerst unergiebig, wenn sie genau berichten sollen, was der Betreffende nun im einzelnen gesagt hat und in welchem Zusammenhang. Man möchte es doch gern genau wissen, wenn ein bekannter Schriftsteller, ein alter Tanzstundenfreund oder ein ausländischer Politiker (der bemerkenswert gut aussieht) einen schön grüßen läßt!

Bei aller Demokratisierung in unserem Land gilt es aber immer noch als ein Zeichen von Huld oder Gnade, wenn die Mächtigen und Großen einem ihrer Mitarbeiter einen Gruß an die ihnen nur kurz bei irgendeinem gesellschaftlichen Ereignis zu Gesicht gekommene Gattin – respektive den Gatten – auftragen. Und man kann sicher sein, daß die Ausrichtung dieser Grüße nur sehr selten vergessen und daheim auch noch ausführlich diskutiert wird.

Viele Telefongespräche enden natürlich auch mit der Bitte, Grüße zu bestellen, wobei man dann ganz schnell zusehen muß, daß es einem noch gelingt, die eigenen Grüße, die man wieder einmal beim Abschied vergessen hatte, anzubringen, ehe der andere auflegt. Zu dumm, daß andere Leute immer daran denken! (Es gibt sogar welche, die lassen „unbekannterweise“ grüßen.)

Katzenjammer nach dem Urlaub

Wochen-, ja monatelang hat man allen Widerwärtigkeiten des Lebens standgehalten im Gedanken daran, daß es ja nur noch acht oder sechs oder vier Wochen, nur noch zwanzig oder zehn oder drei Tage bis zum Urlaub sind. Diese Zeit muß noch durchgestanden werden, ganz gleich, ob es sich um Plackerei im Beruf, um Mühsale des Haushalts, um das Hindernisrennen der Kinder zur Versetzung oder um den zu Zeiten schwierigen Umgang mit abgearbeiteten Mitmenschen handelt. Man strampelte sich gewissermaßen ab auf den Moment hin, wo man endlich mit gepackten Koffern in irgendeinem Verkehrsmittel sitzt und den Alltag mit seinen lästigen Anforderungen hinter sich läßt. Selbst, wenn man etwas Wichtiges versäumt haben sollte – nun kann man's doch nicht mehr ändern, und das hat ganz entschieden auch etwas für sich.

Obwohl er es doch eigentlich besser wissen müßte, hält der moderne Mensch den Urlaub für eine Art Allheilmittel. Zunächst einmal natürlich für die Gesundheit: Man wird sich erholen und ausschlafen, man wird braun und hübsch und schlank und sportgestählt werden, Magenschmerzen, Herzflattern, Husten, Kreislaufbeschwerden und Pickel werden bestimmt auf und davon fliegen, und ein tiefer, fester Kinderschlaf stellt sich garantiert ein. Abgesehen davon glauben einsame Menschen an die Möglichkeit, den Partner fürs Leben zu finden. Enttäuschte Ehefrauen hoffen, daß sich in dem bevorstehenden Urlaub ihr Mann wieder in den glühenden Verehrer von vor acht Jahren verwandelt, während der wieder auf ein gewaltiges

Urlaubsquantum von Verständnis und Friedfertigkeit hofft. Eltern bauen darauf, daß sich das durch schulische Belastungen angeknackste Verhältnis zu ihren Sprößlingen während der Ferienwochen in eitel Freud' und Wonne festigt.

So gut aber kann kaum ein Urlaub sein, wie er manchmal monatelang vorher geplant und erhofft wurde. Denn selbst, wenn er ganz wunderbar war, so hat er doch immer einen entscheidenden Fehler: Eines Tages – und zwar eines mit rasender Eile heranrückenden Tages – ist er zu Ende! Man ist wieder daheim. Und wenn man auch mit großer Überzeugungskraft versichert hat, wie sehr man sich auf zu Hause freut, so gibt es doch ganz gewisse Momente, wo diese Freude nur sehr verdeckt existiert. Berge von schmutziger Wäsche, das Staudenbeet im Schmucke mehrerer Distelfamilien, Spuren des wie immer gehetzten Aufbruches im Schlafzimmer, ein ganzer Stapel Post, in dem sich nichts Gescheites befindet, und im Kühlschrank ein Rest Kondensmilch, der sich inzwischen in unappetitlichen Käse verwandelt hat. Der Büchsenöffner an der Wand ist immer noch kaputt – wer sollte ihn auch inzwischen repariert haben?

Manchmal ist auch ein lieber Mensch da, der nach dem Rechten gesehen hat, und gleich berichtet, daß das Dach undicht und die Putzfrau krank sei, daß der Nachbar wegen des Hundes gemeckert habe und wegen einer Party, die die daheimgebliebenen Kinder (über die auch sonst einiges zu berichten wäre) offensichtlich ohne unser Wissen, aber mit allen Polstermöbeln im Garten gegeben hätten. Der graue Alltag hat einen wieder in seinen Klauen!

Und dann gibt es noch gewisse Augenblicke, in denen man so ganz besonders merkt, daß der Urlaub unweigerlich zu Ende ist: das erste Frühstück, das in grauer Frühe bereitet werden muß; die stereotype Rede an die Kinder: „Das kann doch nicht sein, daß ihr noch immer nichts aufhabt!?" und der Anblick des Ehemannes, wie er angetan mit korrektem Hemd und Krawatte schon wieder etwas gereizt telefoniert. Der Sand, der melancholisch aus den Urlaubsschuhen rieselt, kann einem vollends den Rest geben. Und wenn in solchem Moment noch Leute kommen und finden, man hätte sich wohl überhaupt nicht erholt und wirke entnervt, dann kann man kaum verstehen, wie man in der kommenden Zeit ein Leben ohne Aussicht auf Urlaub aushalten soll.

Aber mit der schwindenden Bräune und dem zurückkehrenden Herzflattern schwindet auch die Rebellion gegen den Alltag, kehrt die Freude am bekannten und vertrauten Zuhause zurück. Da sind die guten Freunde, das gemütliche Badezimmer, das anspruchsvolle Kino, das genau richtige Kopfkissen, der gewohnte Hundespaziergang und die bewährte Flachserei im Büro. Und Weihnachten und Ostern und Pfingsten gibt's auch. Und ganz bestimmt neue Urlaubspläne! Aber werfen Sie vorher nicht in einem Anfall von Urlaubsende-Katzenjammer die verkäste Kondensmilch auf den Boden! (Sie ist immer noch erstaunlich flüssig.)

Der allerletzte Urlaubstag

Natürlich weiß man von Anfang an, daß der Urlaub viel zu kurz ist; um wieviel zu kurz er aber ist, merkt man erst am allerletzten Urlaubstag. Endgültig zieht man nun einen Strich unter manches gute Vorhaben: Der Tennisschläger, der die ganze Zeit unangerührt in seiner Hülle auf dem Hotelschlafzimmerschrank schlummerte, wird wieder eingepackt, desgleichen das gute Buch, das man im Urlaub in Ruhe studieren wollte. Der stets weiter hinausgeschobene Plan, die lieben Bekannten, die hundert Kilometer entfernt ebenfalls Urlaub machen, zu besuchen, wird für dieses Jahr zu den Akten gelegt, wo schon das Versprechen ruht, nach einem passenden Limogeskaffeetopfdeckel auf dem Flohmarkt zu fahnden, eine bestimmte Sorte Oberhemden zu besorgen und bei Ernesto zu speisen und einen Gruß vom Ehepaar Sommer zu bestellen; und der Bildungsausflug zur nahe gelegenen Kathedrale wird gleichfalls beschämt aufgegeben. Manchmal gibt es bei der Gelegenheit auch gewisse interne Auseinandersetzungen nach der Art: „Den ganzen Urlaub habe ich nur den einen Wunsch geäußert, die Kathedrale zu sehen (bei Ernesto zu essen, Tennis zu spielen, auf den Flohmarkt zu gehen ...), und dazu sind wir natürlich nicht gekommen. Es war ja auch nur mein Wunsch und nicht deiner ...", woran sich dann lange Unterhaltungen knüpfen können, die schließlich in tiefere Ausdeutungen der Charaktere münden als dem Urlaubsfrieden guttut. Tapfere und Unentwegte versuchen übrigens noch am letzten Urlaubstag vermittels eines Mammutprogramms alles aufzuarbeiten, aber der Durchschnittsurlauber schafft es höchstens noch am letzten Tag, allen Ansichtspostkartenverpflichtungen nachzukommen.

Der letzte Urlaubstag, mag er auch noch so schön sein, ist immer ein bißchen traurig. Man mag sich auch noch so fest vornehmen, im nächsten Jahr wiederzukommen – vorläufig tut man alles zum letztenmal. Zum letztenmal bespricht man mit dem freundlichen Ober die Wetteraussichten, zum letztenmal geht man den gewohnten Weg ans Wasser, und nicht ohne eine gewisse Wehmut verspeist man noch einmal den nur nach Essig schmeckenden Salat, über den man sich zwei Wochen lang jeden Mittag geärgert hat. Auch der allabendliche Bummel bekommt eine gewisse Weihe, und der Zeitungsmann, der schon weiß, wegen welchen zwei Tagen alten Blattes wir kommen, ein unerwartet hohes Trinkgeld. Auch gewisse Auflösungserscheinungen machen sich bemerkbar: Der Bikini ist so sonnengeölt, daß man ihn eigentlich so nicht mehr anziehen sollte, das Haar bleibt am besten unter einem schicken Tuch verborgen, und die verlorene Badekappe wird nicht mehr ersetzt. Ja, man nimmt sogar Sonnenbrandnasenschützer und die Landkarte der nächsten Umgebung schon mal aus der Korbhandtasche, worin man sie als unentbehrliche Requisiten immer mit sich geführt hat. Die bei dieser Aktion noch aufgefundene letzte Karte eines Zehnerblocks stellt einen vor die schwere Entscheidung: Wegwerfen oder für alle Fälle aufheben? Es könnte ja sein, daß irgendwer noch einmal die gleiche lange Reise, etwa in die Provence, macht. Wie froh wäre er dann, könnte er wenigstens das Provinzialmuseum von Arles kostenlos besichtigen!

Mag man sich auch noch so vornehmen, den allerletzten richtigen Urlaubstag voll zu genießen – irgendwie gerät man doch zumeist schon ins Packen. Zuerst wirft man nur die angesammelten Zeitungen weg, dann kommen schon einmal die Schuhe in den Schuhsack und die Bücher ins Auto, und so wird der freundlich gewohnte Hotelzimmeranblick allmählich wieder fremd wie an dem

Tage, als man ganz neu und müde hier ankam und sich über die geblümten Bettdecken freute und an der schlecht schließenden Schranktür ärgerte. Es wird einem in den nächsten Tagen merkwürdig vorkommen, einen Schrank zu schließen, ohne die Tür leicht anzuheben. Selbst dieser Gedanke kann einem Kummer machen; dann nämlich, wenn es sich um einen besonders schönen Urlaub handelte. Es gibt übrigens Menschen, die – einmal im Pakken – wider jede Verabredung verbissen weiterarbeiten und plötzlich mit dem Gedanken herausrücken: „Weißt du, wenn wir heute am späten Nachmittag schon losfahren, dann können wir es noch bis hinter den Paß schaffen ...", und schon ist der letzte Urlaubstag unversehens zum ersten Rückreisetag geworden.

Zum Schluß gibt es dann noch das große Abschiednehmen. Irgendwie nimmt man an, alle, der Strandwärter, der Wasserskilehrer, das Zimmermädchen, der Zahlkellner und natürlich auch der Hotelier nebst Gattin und Mutter teilten in etwa unseren Abschiedskummer. Wenn sie nett sind, lassen sie uns in dem Glauben und gestalten den Abschied so herzlich und intensiv, als zögen ihre Kinder oder besten Freunde in die Fremde. Wir hingegen tun unser Bestes, sie alle mit dem festen Versprechen, im nächsten Jahr wiederzukommen, notdürftig zu trösten. Und dann bleibt nur noch das Studium der Straßenkarte und der Einkauf von Obst für die Rückreise. Während man danach noch einmal den allerschönsten Blick genießt und dabei tiefsinnig grübelt, ob man wohl je im Leben hier wieder stehen und schauen wird, denkt man gleichzeitig schon daran, wieviel man daheim zu erzählen hat. Und das ist ein Trost!

Humor
und Unterhaltung

Helmut Thielicke
Das Lachen der Heiligen und Narren
Band 491, 144 Seiten, 4. Aufl.

E. Ringenkuhl
Kleine Schule der Schlagfertigkeit
333 heitere Anekdoten
Band 601, 128 Seiten, 3. Aufl.

Joachim Illies
Zu wahr, um schön zu sein
Federlese an der Wissenschaft
Illustriert von H. E. Köhler
Band 638, 128 Seiten, 3. Aufl.

Der bayrische Witz
Heiteres und Saftiges
aus dem Land der Weißwürste
Serviert von Franz Ringseis
Band 689, 144 Seiten, 2. Aufl.

Hans Fickenscher
Hand hoch, wer fehlt!
Stilblüten von Lehrern und Schülern
Band 637, 112 Seiten, 4. Aufl.

in der Herderbücherei